혐 오

"감정의 정치학"

혐 오

김종갑 지음

은행나무

2019년 말 중국 우한에서 발병한 코로나19가 세상을 뒤바꾸어놓았다. 그중 특히 주목해야 할 것이 바로 혐오 범죄의 급증이다. 코로나19와 혐오 사이에 대체 무슨 관계가 있을까 의아해하는 독자도 있겠지만, 분명히 관계가 있다! 인간은 지극히 연약한 존재이다. 잠깐 방심한 틈을 타 발생한 사고로 심각한 위험에 처할 수도, 아무 잘못도 저지르지 않았지만 덜컥 바이러스에 감염될 수도 있다. 특히 이 소리도 냄새도 형체도 없는 전염병에 대해서는 그야말로 속수무책이다. 마땅한 대책이 없으니 불안이 증폭되기 시작한다. 그리고 그 불안의 압력이 감당할 수 없을 정도로 높아지면 혐오로 폭발된다. 이 모든 잘못이 '너 때문'이라고 한다. 너만 없으면 이러한 고통을 당하지 않았을 것이라고 한다. 여기서 '너'는 이 모든 고통의 원인이다. 우리는 코로나19의 발원지가 중국이라는 사실을 잘 알고 있다. 그런데 그것이 설혹 소문에 불과하다 할지라도 괜찮다. 욕하고 미워할 대상이 있는 것만으로도 충분하기 때문이다. 이러한 생각을 갖고 있는 사람에게는 혐오스러워 보이는 눈앞의 아시아인이 과연 중국인인지 한국인인지 따져볼 필요가 없다. 혐오의 대상을 여기저기 살펴보고 꼼꼼하게 살펴보는 사람은 없다. 그저 대상이 조금이라도 혐오의 대상과 비슷한 속성을 갖고 있다고 판단되면 그것만으로도 충분하다. 그래서 혐오는 즉각적으로 폭발한다. 인간이 만약 고통과 질병, 죽음을 모르는 강력한 존재였다면 이러한 혐오와 같은 감정에 휩쓸리지 않았을 것이다. 하지만 인간은 연약하기 이를 데 없다. 이 연약함은 자신의 생명과 안전을 위협하는 대상에 대해서는 과도한 방어로 이어지며, 이 과잉 방어가 바로 혐오다. 내가 누군가를 혐오한다면, 그것은 내가 약자라는 증거이다.

코로나19 이후로 미국에서 아시아계 미국인을 향한 혐오가 증가하고 있다. 피해는 중국계에만 국한되지 않는다. 아시아계 전체가 혐오의 타깃이다. 2021년에는 혐오 범죄가 전년 대비 149퍼센트나 증가했다. 미국 볼티모어의 한국인이 운영하는 한 주류매장에서는 한인 자매가 50대 남성에게 벽돌 공격을 당하는 일이 발생했다. 한국계 노인이 '묻지마폭행'을 당해서 코뼈가 부러지는 사건도 있었다. 상황이 심각해지니 외출조차 두려운 타국 생활을 청산하고 귀국을 서두르는 한인 유학생들이 적지 않다.

인간이 가진 감정 가운데 가장 끔찍한 것이 혐오이다. 혐오는 증오보다 끔찍하다. 증오와 달리 혐오는 '묻지

마' 식의 감정이기 때문이다. 누군가가 "나는 너를 혐오한다!"라고 외쳤다고 하자. 그리고 이 말을 "나는 너를 증오한다!"는 말과 비교해보자. 증오에는 이유가 있다. 그러나 혐오에는 이유가 없다. 증오는 상대방의 어떠어떠한 행동을 문제 삼는다. 중국인들이 코로나19를 전 세계에 감염시키는 행동을 했을까? 하지 않았다. 그것은 우발적인 사건이었다. 그러나 중국인을 혐오하는 사람들은 그러한 진실을 따지고 싶어 하지 않는다. 우리는 자신이 왜 무엇인가를 혐오하는지 이유를 모를 수도 있다. 혐오는 본능적으로 작동하기 때문이다.

불행하게도 혐오가 시대적 정동情動(일시적으로 급격히 일어나는 감정)으로 발전하고 있다. 혐오는 '묻지 마', '따지지 마' 식의 감정이다. 혐오의 대상은 중요하지 않다. 중요한 것은, 마음에 가래처럼 쌓여 있는 불행과 불만의 압력이다. 그 압력을 바깥으로 내뱉는 것이다. 혐오는 무서운 정동이다. 세상에는 밉고 싫은 것들 투성이다. 인터넷 댓글은 더할 나위가 없다. 거친 욕설과 혐오의 원색적 표현들이 어지럽다. 혐오 사회라는 말도 이제 낯설지 않다. '헬조선!'이라 외치는 비명 소리에도 면역이 되었다.

좁은 땅덩어리와 빈약한 자원, 대한민국은 명실상부한 경쟁 사회다. 태어나는 순간에 벌써 '땅' 하고 경기 시작을 알리는 총성이 들린다. 기다가 걷고 걷다가 달리는 경쟁의 릴레이는 평생 끝이 나지 않는다. 좋은 대학에 들어가면 풀릴 줄 알았는데 입시보다 더한 취업 지옥이 기다리고 있다. 좌절과 실패를 경험하다 보면 희망과 기대도 거덜이 나고 N포 세대로 합류하게 된다. 공정한 경쟁이라면 '금수저'니 '흙수저'니 하는 말도 생겨나지 않았을 것이다. 불경스러운 조선 불반도, 지옥 불반도와 같은 말들이 활개를 치고 다닌다.

언제부턴가 혐오감이 여성 혐오로 번지기 시작했다. 부정부패와 파벌 싸움, 기득권을 혐오하는 것으로 충분하지 않은 것일까? 기득권 혐오가 소수에 대한 다수의 반응이라면 여성 혐오는 세상의 반쪽이 또 다른 반쪽에 등을 돌리는 현상이다.

왜 분노가 아니라 혐오인가? 김수영은 〈어느 날 고궁을 나오면서〉에서 "나는 왜 조그마한 일에만 분개하는가" 하고 자문하였다. 그리고 "저 왕궁 대신에 왕궁의 음탕 대신에/ 오십 원 짜리 갈비가 기름만 나왔다고 분개하고/ 옹졸하게 분개하고 설렁탕집 돼지 같은 주인년에게 욕을 하고/ 옹졸하게 욕을 하고"하며 자조하였다. "정정당당하게" 분노하지 못하고, 높고 힘이 센 자가 아니라 만만한 자만 골라서 화풀이를 하는 자신을 책망하였다. 얼마나 못났으면 종로에서 뺨 맞고 한강에서 눈을 흘겨야 하는 것일까?

종로에서 뺨을 맞았으면 가해자에게 책임을 묻고,

그 자리에서 화를 풀어야 한다. 그래야 후유증도 남지 않는다. 그러나 못난 사람은 아무 죄 없는 강아지에게 발길질을 하거나 그것도 안 되면 한강에서 분풀이로 침을 뱉는다. 혐오는 감정의 침 뱉기다. 단것은 삼키고 쓴 것을 뱉는 것이 본능이다. 만약 입에 넣은 것이 오물이라면 그냥 뱉는 것으로 직성이 풀리지 않는다. 몸서리를 치며 '퉤' 하고 내뱉는다. 그리고 뒤돌아보지도 않는다.

혐오가 생리적이라면 분노는 사회적이다. 옳고 그름을 따지지 않으면 분노도 생기지 않는다. 분노는 정의의 관념을 먹고 자란다. 그러나 혐오는 원초적이고 본능적인, 즉 동물적인 감정에 가깝다. 그래서 혐오감에 사로잡힌 사람과는 말이 통하지 않는다. 차별과 부조리에 대해 혐오할 수 있을까? 아니다. 우리는 차별과 부조리에 대해서는 분노한다. 분노의 이유를 설명할 수도 있다. 혐오와 달리 분노는 말이 통하는 감정이다. 그래서 혐오의 입은 '입'이 아니라 토해내는 '주둥이'에 가깝다. 분노에서 말을 제거하면 혐오가 된다. 혐오에는 '왜'나 '이유'가 없다. 혐오의 감정이 지배적이면 지배적일수록 언어가 파괴되고 소통이 거부된다.

1980년대 중반까지 대한민국의 지배적인 감정은 저항과 분노였다. 독재에 저항하며 "타는 목마름으로 민주주의여 만세"를 외쳤다. 만약 자유라는 대의명분이 없었다면 독재에 대한 분노도 없었을 것이다. 혐오가 사적인 감정이라면 분노는 공적인 감정이다.

언제부터 혐오가 지배적인 감정이 되었을까? 언제부터 끓어오르는 분노가 말을 잃었을까? 나는 4·16 세월호 참사라고 생각한다. 대한민국의 감정 지형은 2014년 4월 16일 이전과 이후로 나뉜다. 물론 이전에도 말이 안 되는 것들이 많았지만 세월호 참사는 해도 해도 너무한, 너무나 말이 안 돼서 말을 잃어버릴 수밖에 없었던 끔찍한 사건이었다. 이 참사의 순간은 분노가 혐오로 전환된 순간, 사적이었던 혐오의 감정이 사회적 감정으로 비화된 순간이었다.

사람에게는 누구나 혐오의 감정이 있다. 그러나 우리가 혐오감을 가지고 있다고 해서 그것이 신문과 방송의 이슈가 되지는 않는다. 사적인 감정이 공적인 공간으로 침범하지는 않는다. 공적 공간은 좋고 싫음이 아니라 옳고 그름을 따지는 담론의 장이기 때문이다. 그러나 어느 순간 분노의 언어에 지치고 질려버리면 혐오감이 올라오기 시작한다. 생각해보라. 전 국민이 세월호가 침몰하는 장면을 생중계로 지켜봐야 했다. 어제까지 멀쩡했던 사람들이 선실에 갇혀 꼼짝 못하고 죽어가는 장면을, 시체가 되어서 인양되어 나오는 장면을 지켜봐야 했다. 그런데도 정작 국민을 지켜야 할 정부는 팔짱을 끼고 있었다니! 이 끔찍한 사건이 어떻게 집단적 트라우마가 되지 않을 수 있었겠는

가. 어떻게 분노가 혐오감이 되지 않을 수 있었겠는가.

1991년 3월에 있었던 LA 폭동을 우리는 기억한다. 한 흑인 젊은이가 경찰에게 구타당하는 영상이 계기가 되었다. 이에 분노한 흑인들이 '못 참겠다' 거리로 뛰쳐나와 폭동에 가담했다. 세월호의 메가톤급 충격에 비하면 로드니 킹 사건은 아무 것도 아닌 듯이 보인다. 그런데 우리가 어떻게 세월호 참사를 '참을 수' 있었던 것일까? 무능하지만 단단하고 견고해서 온갖 비판에도 꿈쩍하지 않는 정부를 어떻게 참을 수가 있었던 것일까? 참지 않았다. 비판과 비판, 분노의 언어가 폭주했다. 그럼에도 아무것도 변하는 것이 없으면 나중에는 그러한 비판도 역겨워지기 시작한다.

인간은 말을 하는 동물이다. 행동으로 옮기기 이전에 말로 이치를 따지는 동물이다. 감정이 상하면 우리는 '너 죽는다' 하고 으름장을 놓기도 한다. 주먹을 날리는 대신에 잘못을 지적하고 시비를 가리며, 감정이 격해지면 죽인다고 협박을 한다. 물론 '죽인다'라고 말한다고 해서 상대가 죽지는 않는다. 그렇다고 아무런 효과가 없는 것은 아니다. 죽인다는 말에 상대의 행동에는 크고 작은 변화가 생긴다. 그러한 변화가 없으면 '말발'이 서지 않는다고 한다. 아무리 잘못을 지적해도 상대가 끝내 뻔뻔스럽게 사과하지 않고 버티면 어떻게 되는 것일까?

혐오가 가진 최대의 위험은 말을 무의미하게 만드는

생리에 있다. 우리는 혐오를 자극하는 대상에 대해서 생각도 하기 싫어한다. 생각의 부재는 언어의 부재가 아닌가. 언어가 끝나는 막다른 골목에서 혐오가 시작되는 것이다. 이 점에서 혐오의 말은 언어가 아니라 반사적으로 나오는 '악'이나 '윽' 하는 본능의 비명에 가깝다. 그것은 가래침을 뱉는 소리이다. 개똥은 무서워서 피하는 것이 아니라 더러워서 피한다는 속담이 있지만 우리는 혐오스러운 사람을 자기와 같은 사람으로 취급하지 않는다. 개와 더불어서 이치를 따지는 사람이 어디에 있는가! 혐오스런 사람과는 말도 섞지 않으려고 한다.

이 점에서 혐오는 상대방을 동물화하는 감정이다. 상대를 나와 질적으로 다른 타자, 열등한 타자, 동물적 타자로 만드는 것이다. 그렇지만 동정과 연민, 사랑의 시선은 그와 같이 동물화되었던 타자를 재인간화하는 시선이다. 이 책의 한 대목에서 우리는 개장국이 어떻게 해서 혐오 식품이 되었다가 어떻게 해서 다시 전통 음식으로 복귀하게 되었는지 그 과정을 살펴볼 것이다. 혐오의 낙인이 찍힌 보신탕에 국민적 저항과 분노가 있지 않았던가. 우리는 혐오를 혐오로 맞받아칠 것이 아니라 분노로 혐오의 구조에 저항하며 그것을 바꿔야 한다.

"사람 셋이면 멀쩡한 사람 바보 만들기는 누워서 떡 먹기"라는 말이 있다. 말에는 수행 효과가 있다. "은행잎이 노랗다"라고 말한다고 해서 은행잎이 노랗게 변색하지는 않는다. 그러나 "너는 혐오스럽다"라며 침을 뱉으면 그가 혐오스러워지기 시작한다. 혐오의 주체가 혐오의 대상을 만들어내는 것이다. 혐오스럽다는 말은 더 이상 말을 섞고 싶지 않다는 선언이다.

원래부터 혐오스러운 사람은 없다. 원래 있었던 것이 아니라 상품처럼 제작되는 것이다. 이 점에서 혐오와 '원래부터'는 모순 형용이다. 혐오의 기원은 소수의 타자를 싫어하고 미워하는 사람들에 있다.

왜 특정한 개인이나 그룹을 혐오하는 것일까? 혐오는 동등한 권력과 권리를 소유하고 있는 사람들 사이에서는 발생하지 않는다. 가진 자와 가지지 않은 자, 주체와 타자, 다수와 소수, 강자와 약자, 아름다움과 추함, 권력자와 피권력자와 같은 차이를 거치면서 혐오가 생겨난다. 혐오는 전자가 후자에 대해 갖는 우월감의 표출이다. 주체는 자기가 혐오스런 타자가 아니라는 사실에서 자신의 정체성을 확인하며 심리적 만족감을 가진다. 아무튼 자기는 그와 같이 혐오스런 타자는 아닌 것이다.

타자를 혐오하면 혐오할수록, 자기와의 차이를 강조하면 할수록 주체는 반사적인 이익을 얻는다. 타자를 희생시킴으로써 전리품을 챙기는 것이다. 타자가 동물이 되면 자신은 더욱 인간적이 되고, 타자가 육체화되면 자신은 더욱 정신적 존재가 된다. "자기 눈의 대들보는 보지 못하고 남의 눈의 티끌만 본다"라는 격언만큼 그러한 타자화의 논리를 잘 요약해주는 말도 찾기 어려울 것이다.

엄밀한 의미에서 혐오스럽지 않은 사람은 없다. 인간은 먹고 마시며 똥을 싸고, 병에 걸리고 노화하며, 죽으면 부패해서 흙으로 돌아가는 존재다. 질병과 죽음, 부패와 관련되는 것들은 모두 혐오의 대상이 된다. 그렇지만 신이 아니라면 그러한 죽음의 필연성에서 자유로운 사람은 세상 어디에도 존재하지 않는다. 그러나 죽음과 부패의 사실을 타자에게 투사할 수는 있다. 인도의 불가촉천민을 보라. 브라만과 같은 계층은 그들과 우연히 옷깃만 스쳐도 감염된다고 생각하며 정화 의식을 거행한다.

죽고 부패하는 동물들 가운데 인간의 죽음과 부패가 가장 혐오스럽다. 자신과 너무나 다르거나 자신과 아주 무관한 것을 우리는 혐오하지 않는다. 개똥이나 쇠똥보다는 사람의 똥이 가장 혐오스럽다. 종기에서 흐르는 피고름 가운데 사람의 것만큼 징그럽고 혐오스러운 것이 어디에 있겠는가. 이 점에서 우리가 혐오하는 타자는 우리와 다른 존재가 아니라 닮은 존재들이다. 혐오는 유유상종이다. 자기와 같은 유類의 존재가 아니라면 타자에게 죽음을 투사해서 자신의 그러한 운명의 공포가 덜어지지 않는다.

왜 우리는 자신의 죽음과 부패의 사실성으로부터 달

아나려고 하는 것일까? 그것을 담담하게 인정할 수는 없는 것일까? 죽음이 됐든 부패가 됐든 그것을 혐오하지 않는 사람들은 타자도 혐오하지 않는다. 자기 눈에 있는 티를 인정하면 타자의 것을 대들보로 확대할 필요가 없다.

혐오감의 본질은 타자화에 있다. 우리는 자기에게 좋은 것을 자기의 것으로 동화하고 주체화하지만 그렇지 않은 것은 이화異化하고 타자화한다. 내게 끌어당기고 싶은 것은 아름답고, 멀찌감치 눈에 보이지 않게 멀리 밀어내고 싶은 것은 혐오스럽다. 외국인이 자신의 행복을 위협한다고 느끼는 사람은 외국인 혐오자가 된다. 여성이 자신의 행복을 위협한다고 느끼는 사람은 여성 혐오자가 된다.

남성 헤게모니적 사회에서는 여성이 혐오의 대상이 되기 쉽다. 여자는 남자가 되고 싶지 않은 모든 부정적 가치를 상징하는 존재가 된다. 남자가 불멸의 영혼이라면 여자는 부패할 운명의 살이고, 남자가 합리적 이성이라면 여자는 불합리한 감정과 욕망이 된다. 그래서 남자는 자기가 여자를 유혹하면서도, 되레 유혹을 당한다고 생각함으로써 자신의 행위를 정당화한다.

집단적 혐오가 있는 곳에는 언제나 권력자가 피권력자에 대한, 다수의 소수에 대한 횡포와 폭력이 있다. 이른바 혐오가 갖는 정치성이다. 혐오 식품이나 혐오 범죄도 그러한 정치적 역학을 반영하고 있다. 혐오 식품은 자신이 문명인이라고 생각하는 사람들이 그렇지 못한 자들과 자신을 구분하기 위해서 만들어낸 이름이다. 권력의 폭력이나 부패가 없는 곳에는 혐오 범죄도 없다. 권력화된 폭력은 그러한 권력의 수혜를 받지 못한 폭력을 혐오 범죄로 타자화함으로써 자신의 폭력을 특권화한다.

혐오에 대한 논의가 필요한 이유는 혐오가 정치적이기 때문이다. 우리는 혐오를 만들고 유포하며 유통시킴으로써 자신의 이익과 쾌락, 권력을 생산하고 강화하며 유지하는 자들을 고발하고 비판해야 한다. 유토피아적 미래를 전망하기 위해서라도 이에 대한 논의가 필요하다. 아름다움과 혐오, 삶과 죽음은 떼어놓을 수 없는 단짝이다. 그러나 권력은 전자를 가진 자의 편에, 후자를 가지지 못한 자의 편에 불공평하게 배치한다. 진정 아름다운 사회는 모든 사람이 각자 질병과 죽음, 부패의 몫을 평등하게 분담하는 사회다.

똥 묻은 개를 나무라다 보면 자기의 몸에는 똥이 없다는 느낌(환상)을 갖게 된다. 혐오스러운 것을 타자에게 투사함으로써 자기는 훌륭하고 청결하다는 환상을 즐길 수 있다. 정치를 혐오하는 사람은 자기가 정치인보다 도덕적으로 훨씬 낫다는 생각을, 여성 혐오자는 자기가 본질적으로 여성보다 우월하다는 관념을 가지고 있다. 이 점에서 혐오에는 자기 정화의 카타르시스 효과가 있다.

일차적으로 혐오는 생명 유지를 위한 본능적 기제다. 생명을 위협하는 이물질을 몸 밖으로 뱉어내는 본능적인 기제다. 그런데 흥미로운 것은, 혐오라는 본능이 자신과 다른 타자를 사회의 밖으로 뱉어내는 사회적·정치적 감정으로 비화되기 쉽다는 점이다. 자기와 다른 타자를 추방하지 않으면 감정의 응어리가 풀리지 않는 것이다. 이 점에서 원래부터 혐오스러운 것은 없다. 다만 혐오의 대상으로 바뀔 따름이다. 혐오 식품이 그러한 예의 하나다. 스티그마*와 여성 혐오는 또 어떠한가.

혐오는 다수자가 소수자를, 가진 자가 가지지 못한 자를, 강자가 약자를 비하함으로써 자신의 사회적 정체성을 다진다는 점에서, 그것은 본질적으로 정치적이다. 다수가 좋은 것은 자기 것으로 취하고, 싫은 것은 타자의 것으로 간주하면서 혐오가 고개를 들기 시작한다. 세상에 싫은 것이 얼마나 많은가! 죽음, 부패, 추함, 고통, 노화, 질병 등 싫은 것의 목록은 끝이 없다. 이러한 악에 대해서는 생각하기도 싫다. 이것이 자기와는 전혀 상관이 없다면 얼마나

* 고대 그리스에서 노예나 범죄자, 반란자, 정신이상자 등 도덕적으로 물의를 일으켰거나 신체적으로 문제가 있는 사람들을 외관상 알아볼 수 있도록 찍은 낙인을 지칭하던 말이다. 오명, 결점, 흠, 불명예, 치욕 등을 상징하는 말로, 독일의 사회심리학자 어빙 고프만이 사람들이 기대하는 것과 다른 바람직하지 않은 특징을 지칭하는 용어로 제안하였다.

좋은가! 빛이 어둠을 물리치듯이 악하고 추한 것을 세상에서 깨끗이 제거할 수 있다면……. 우리 모두 이런 소망을 가지고 있다. 돌을 쪼아서 작품을 만드는 예술가처럼 세상을 의롭고 선하게 완성하고 싶은 의욕도 있다. 그렇지만 자신의 오물과 쓰레기를 남의 집 앞에 갖다 버리고픈 유혹에 굴복하는 사람도 있다. 세상을 바꾸는 대신에 타자를 혐오함으로써 자신의 행복을 도모하는 사람들이 있다. 나는 기쁨이나 슬픔과 마찬가지로 혐오도 하나의 정동적 에너지라고 생각하고 있다. 혐오의 에너지도 세상을 바꾸는 에너지로 전환될 수 있다고 생각하고 있다. 그러한 믿음이 없었다면 이 책을 쓰지 않았을 것이다.

혐오란 무엇인가?

생물학적 삶과 죽음, 생성과 소멸

혐오 연구자들이 대중 강연을 할 때 주제를 실감 나게 설명하기 위해서 애용하는 사유 실험이 있다. 무엇이 혐오스러운가, 또 그것이 왜 혐오스러운가, 하는 질문을 던지고서 청중을 향해 자기 동작을 따라서 해보라고 한다. 우선 그는 입 안에 괴어 있는 침을 모아서 꿀꺽 삼킨다. 청중들도 똑같이 따라서 한다. 뭔가 대단한 것을 기대했던 청중의 얼굴에는 실망했다는 표정이 역력하다. 그렇지만 강사는 당황하지 않고 가방에서 유리컵을 꺼낸다. 반짝반짝 빛나는 깨끗한 유리잔이다. 이번에도 그는 입 속에 또 다시 침을 모은다. 그러나 삼키는 대신에 컵 속에 "퉤"하고 뱉는다. 침을 뱉다니! 당황하거나 불쾌해하며 웅성거리는 청중을 향해 그가 다시 말문을 연다. "여러분은 컵 속에 뱉은 침을 마실 수 있나요?"

문제의 핵심은 아주 단순하다. 첫 번째든 두 번째든 똑같이 입 속에 있던 침이다. 그런데 컵에 뱉은 침을 다시 마시라고 하면 왜 혐오스럽게 느껴지는 것일까? 소주잔을 돌려가며 마시는 사람도 컵 속의 침을 다시 삼킬 생각을 하면 안색이 시퍼렇게 변한다. 다른 사람의 침이라면 혐오 감을 느끼는 것이 당연하다. 그런데 왜 내 침에 대해 혐오 감을 느끼는 것일까?

가능한 설명의 하나를 인류학자 메리 더글러스가 《순

수와 위험》에서 제시했다. 신성神聖을 뜻하는 'sacred'의 어원인 라틴어 'sacer'에 '분리하다'라는 뜻도 있다. 분리되고 구별된 것은 신성해진다는 것이다. 깨끗한 것과 더러운 것, 허용되는 것과 금지되는 것, 인간적인 것과 동물적인 것, 안과 밖을 구분하지 않는 문화권은 존재하지 않는다. 이러한 구분과 분류가 없으면 사회적 질서가 불가능할 것이다. 한편에 세속적인 것이 있다면, 그것으로부터 분리되고 구별된 것이 신성한 것이다. 이러한 분류를 혼동하거나 위반하는 행위는 혐오의 대상이 된다. 달리 말해 분리와 구분이라는 문화적 행위가 없으면 혐오감도 존재하지 않는다. 더글라스는 그 자체가 본질적으로 더럽거나 혐오스러운 것은 존재하지 않는다고 주장하였다. 종지에 담긴 고추장은 맛있게 보이지만 입가에 묻어 있는 고추장은 더럽게 느껴진다. 식탁에 있는 빵은 먹음직스럽지만, 바닥이 식탁보다 청결하더라도 바닥에 떨어진 빵은 불결하게 느껴진다. 우리는 침실에서 옷을 벗고 잠자리에 들지만 광장 한복판에서 옷을 벗는다고 생각해보라. 우리 몸 안에는 음식물 찌꺼기가 있지만 그것이 밖으로 나오면 혐오스러운 토사물이나 똥이 된다. 침도 마찬가지다. 입 안에 있던 침이 밖으로 나오면 불결하게 느껴진다.

분리와 구분의 목록은 한없이 늘어날 수 있지만 그럼에도 가장 기본적인 것은 삶과 죽음, 주체와 타자의 구분이다. 죽음은 우리가 피하고 싶은 가장 치명적인 사건이기 때문에 그것과 직접적으로 관련이 없어도 조금이라도 그와 연상되는 이미지들은 혐오감을 준다. 반대로 생명과 건강에 도움이 되는 것들은 기쁨을 준다. 입 안의 침이 아직 살아 있는 침이라면 몸의 바깥으로 나온 침은 죽어 있는 침이다. 내 안의 침은 나의 일부지만 컵에 담긴 침은 타자의 것이 된다. 내가 하는 것은 로맨스지만 남이 하는 것은 불륜이라고 하지 않는가.

《인간과 동물의 감정 표현》이라는 기념비적 저서에서 찰스 다윈은 자신의 경험을 가지고 그러한 안과 밖의 차이를 설명하였다. 티에라 델 푸에고Tiera del Fuego라는 원주민 마을에 머물던 어느 날 다윈은 스테이크를 먹고 있었다. 이 요리가 신기했는지 그의 옆에 있던 원주민이 손을 뻗어 손가락으로 고기를 찔러보았다. 그는 순간적으로 혐오감을 느꼈다. 그의 손이 매우 깨끗하다는 것을 그는 잘 알고 있었다. 그럼에도 불구하고 불결하다는 느낌을 피할 수 없었다. 더럽더라도 자기 손으로 고기를 만져보았다면 그런 고약한 느낌을 갖지는 않았을 것이다. 다름 아니라 타자의 손이었기 때문에 혐오감을 느낀 것이었다. 그런데 자신이 혐오감을 느꼈던 그 순간 그는 우연하게도 인디언의 얼굴에서 혐오의 표정이 스쳐 지나가는 것을 포착하였다. 그는 서양식으로 요리된 고기를 불결하게 생각했다.

그것은 타자의 스테이크였다.

타자의 것과 구별될 수 있는 나의 것에 무엇이 있을까? 다시 침을 생각해보자. 입 속에 있으면 살아 있는 따뜻한 침도 일단 몸 밖으로 나가는 순간에 죽어서 차가워진 침이 된다. 나의 삶의 일부였던 타액이 낙엽처럼 나로부터 떨어져 나간 것이다. 나의 것이 삶이라면 내 것이 아닌 것, 나의 타자는 죽음이다. 나는 땅바닥에 떨어진 침에서 나의 작은 죽음을 보는 것이다. 컵에 있는 침이 체온에 맞게 36도로 가열된 것이어도 마찬가지다. 그것은 분비물에 지나지 않는다. 내 안에 있으면 그것은 신진대사의 한 과정, 삶의 작용이다. 똥도 그러한 신진대사와 무관하지 않다. 내가 맛있게 먹었던 음식이 몸으로 흡수되도록 분해되는 과정에서 찌꺼기가 생겨난다. 분해되지 않으면 생명에 필요한 에너지도 얻어지지 않는다. 나의 생존을 위해 고맙게도 내몸이 소화작용을 해주고 있는 것이다. 그럼에도 몸 밖으로 배출되는 순간에 그것은 나의 타자 분비물이 된다.

만약 분비물이 나와 무관한 절대적 타자로서 보이지 않게 멀리 사라져버리면 혐오감도 야기되지 않는다. 혐오감은 타자화되었던 분비물이 나에게로 되돌아올 수 있는 가능성과 직결되어 있다. 그것이 수세식 변기와 푸세식 변기의 차이다. 수세식 변기에는 변의 흔적이 전혀 남아 있지 않다. 그러나 푸세식 변기의 변은 사라지지 않고서 나의 가까이에 여전히 머물러 있다. 그것은 자칫하면 나에게 되돌아올 수도 있다. 길바닥의 변이 혐오스러운 이유는, 내가 밟을 수 있는 위험이 있기 때문이다.

몸 밖으로 나간 찌꺼기만이 죽음이라는 타자와 관련되는 것은 아니다. 생명만 죽는 것이 아니다. 자기 정체성이나 자존감, 명예도 짓밟히거나 죽을 수 있다. 우리는 자신이 이러이러한 존재여야 한다는 자아 이상을 가지고 있다. "살아도 사는 게 아니다"라거나 "꿈을 잃은 사람은 죽은 사람이나 마찬가지"라는 말들은 자기 정체성의 죽음을 가리키고 있다. 세상과 타협하는 속된 삶은 그에게 자아의 죽음처럼 느껴질 수가 있다. 죽지는 않았더라도 자신의 몸에서는 악취가 풍기고 있다는 고약한 자기혐오에 사로잡힐 수 있다. 악취를 풍기는 좀비만큼 혐오스러운 것이 어디에 있겠는가.

아름다운 삶과 추한 삶, 웰빙과 혐오

죽음만이 삶의 타자인 것은 아니다. 우리는 동물적인 삶이 아니라 행복하고 인간적이며 아름다운 삶을 추구한다. 그렇지만 질병과 노화, 추는 거부할 수 없는 삶의 일부다. 현재의 나는 시름시름 병을 앓으며 침대에 누워 있거나 수척하게 외모가 망가지고 있을 수 있다. 그럼에도 불구하고 내가 생각하는 나는 그러한 질병에 걸렸거나 추한 외모를 지니지 않았다. 나는 그러한 죽음의 세력에 저항하고 맞서 싸우면서 아름다운 자신의 모습을 유지하려는 의지이며 욕망이라고 말해야 옳다. 누구나 다 자신에 대한 이상적 이미지를 가지고 있다. 아름다움이 나라면 추함은 타자이며, 젊고 건강한 몸이 나라면 주름이나 피부 반점, 뱃살은 타자의 편에 있다. 내가 몸body이라면 살flesh은 타자여야 한다. 전자가 이상적인 나의 이미지라면 후자는 비루한 현실에 속한 살덩어리로서 나이다.

그런데 안타깝게도 현실은 언제나 이상적 이미지와 일치하지는 않는다. 질병과 고통, 흰머리, 뱃살, 죽음은 나의 이상적 이미지를 갉아먹는 세력으로 지척에서 나를 위협하고 있다. 이러한 세력에 굴복해서 외모가 흉하게 변한다고 해도 여전히 이상적인 나를 지향한다는 점에는 변함이 없다. 그러한 이유로 현실의 나와 이상적인 나 사이에는 균열의 간극이 크게 생길 수 있다. 이 틈새에서 자기혐오의 싹이 고개를 내밀기 시작한다. 나는 내가 생각하는 내가 아닌 것이다. 사회적으로 존경받는 지킬 박사가 사람들이 기피하는 추악한 하이드가 되어 있고, 도리언 그레이의 그림은 고약하고 혐오스런 노인이 되어 있다. 이때 타자를 향해야 할 혐오감이 자기 자신에게 돌아올 수 있다.

기본적인 단계에서 혐오감은 삶의 유지를 방해하거

나 훼방하는 타자에 대한 거부감이다. 우리는 생명의 유지에 도움이 되는 것을 안으로 흡수하고 그렇지 않은 것들을 밖으로 배척하려는 성향을 가지고 있다. 그러나 삶은 하나의 완성된 실체가 아니라 끊임없이, 그것도 우발적으로 변화하는 과정이기 때문에 자기도 모르는 사이 어느새 혐오스러운 것에 덜미가 잡힌 자신을 발견한다. 나와 타자의 경계는 액체처럼 유동적이고 불안하며 불안정하다. 나의 삶은 죽음에 노출되어 있으며, 나의 정체성도 타자의 침입에 허망하게 무너질 수 있다. 이때 생명의 유지를 위협하는, 혹은 그럴 수 있다고 상상되는 모든 것들은 혐오감을 준다. 혐오는 죽음과 부패, 질병에 대한 본능적인 거부감이다. 이상적인 자아를 위협하는 것들에 대한 거부감인 것이다. 혐오감이 생명의 유지를 위해서만 기능하는 것은 아니다. 그것은 우리의 정체성 유지를 위해서도 기능하고 있다. 이때 자기혐오는 내부의 타자(찌질한 나)에 대한 혐오감이다.

자기혐오는 모순처럼 들린다. 자기를 혐오하다니! 어떻게 자신을 혐오하면서 살 수 있는가? 우리는 혐오스러운 것으로부터 본능적으로 몸을 돌려 피하려는 경향이 있다. 그런데 죽지 않고서 어떻게 자신으로부터 도피할 수가 있단 말인가? 죽지 않고서 자신으로부터 도피하기 위해 타자 혐오가 생겨났다. 그리고 이러한 타자 혐오가 하나의 문화로 자리를 잡을 수 있다. 서양의 역사는 자기혐오가 예외적인 현상이 아니라 문화의 일부였다는 사실을 말해준다.

서양 문화의 두 축은 헬레니즘과 기독교다. 양자는 둘이면서 하나이기도 하다. 서로 다른 지류였던 두 전통이 로마 시대에 하나로 통합되었기 때문이다. 사도 바울은 그리스 철학에 조예가 깊은 학자였으며, 오리게네스와 같은 초기 교부철학자들도 플라톤의 철학에 입각해서 성서를 읽고 해석했다. 토마스 아퀴나스는 성서의 체계적인 이해를 위해 아리스토텔레스를 활용하였다. 이러한 영향 관계를 무시하면 헬레니즘과 기독교의 중심에는 자기혐오가 있다는 사실을 간과하기 쉽다.

헬레니즘과 기독교는 있는 그대로의 인간을 부정하는 문화였다. 보이는 현상을 거부하고 보이지 않는 본질에서 인간 됨을 찾았다. 플라톤의 이데아론은 자기혐오의 이론이라고 해도 과언이 아니다. 그는 하늘의 별자리를 보며 우주의 이치와 원리를 생각하는 인간이 짐승과 마찬가지로 밥을 먹고 대소변을 보며 교미를 한다는 사실을 편안하게 받아들일 수 없었다. 그러한 활동만을 가지고 판단하면 인간과 동물의 사이에는 차이가 없다. 동물과 마찬가지로 혐오스러운 존재가 되는 것이다. 플라톤에 의하면 바람직한 인간이란 자신의 동물적 자아, 즉 육체적 욕망을 경

'사냥을 마친 아마조네스'(1871년경)

전사로서의 신체

여자들만으로 이루어진 전사들의 부족 아마존의 이름에는 그 어원에 관해 두 가지 설이 있다. 하나는 '가슴이 없는 여자'라는 뜻의 '아마조스a-mazos' 로, 아마존 전사들은 활쏘기에 왼쪽 가슴이 거추장스러워 어렸을 때 불로 지져 없앴다는 것이다. 왼쪽 가슴에 삼각대를 대어서 편평해 보여서라고도 한다. 다른 어원으로는 '빵을 먹지 않는 자'라는 뜻의 '아마자스a-mazas'가 전해지는데, 빵을 먹으면 신체가 약해진다고 여겨서 단백질이나 비타민이 풍부한 생선, 과일, 고기 등을 섭취하고 빵은 남자 노예들에게만 주었다는 것이다.

멸하고 혐오하는 자다. 그 식욕과 색욕의 동굴에서 멀리 벗어나면 벗어날수록 인간은 신적인 존재로 비약하게 된다. 관조하고 사유하는 이성을 연마하면 이성적 인간이 되지만, 그렇지 않고 흥청망청 먹고 마시는 활동에 집착하면 동물과 다름없는 인간으로 퇴화한다는 것이다. 그는 윤회설도 믿었다. 평생 진리를 추구했던 철학자는 나중에 죽어서 육체의 감옥에서 해방되어 순수 로고스가 되지만 식욕과 색욕의 굴레에서 벗어나지 못했던 사람은 죽어서 원숭이나 돼지와 같은 동물로 다시 태어난다.

기독교의 세계관은 비극적이다. 에덴동산에서 일찍이 아름답고 완벽했던 아담과 이브의 영혼은 선악과를 따먹은 죄로 추한 육체에 갇히게 된다. 에덴동산은 거짓과 기만, 질병과 노쇠, 죽음이 존재하지 않는 무공해의 공간이었다. 그렇지만 하나님을 거역한 순간에 아담과 이브의 몸은 죽음과 고통, 추와 악으로 변질되었다. 영원히 아름답게 빛나던 몸이 어둠과 악에 오염되어 늙어서 죽어야 하고, 그것으로도 모자라 부패하며 구더기의 먹이가 되는 비루한 육체가 된 것이다. 하나님을 믿는 자라면 어떻게 이와 같이 타락한 육체와 자신을 동일시할 수 있겠는가. 우리는 타락 이전의 영에서 자신의 본질을 찾아야 한다. 죄와 욕망으로 오염된 육체를 혐오하면서 그것을 정화하는 삶을 살지 않으면 안 된다. 오리게네스는 죄에서 완벽하게 정화된 인간은 순수한 영으로 승화된다고 주장하였다.

이와 같이 서양의 사상과 종교는, 자신의 육체를 부정하고 혐오해야만 자기를 완성할 수 있는 존재로 인간을 규정하였다. 병들고 부패하며 썩어갈 몸은 영혼의 타자, 악에 지나지 않는다. 이때 자발적인 자기 학대와 고통은 자기를 정화하는 방법이 된다. 중세의 수도승들이 기름진 음식을 멀리하고 몸에 채찍질을 가하며 가시밭을 뒹굴고 가시 옷을 입었던 이유다. 구원을 위해서라면 아름다운 여인의 달콤한 입술보다는 차라리 불에 타는 고통이 나았다. 이와 같이 육체를 부정하고 혐오하는 문화는 여성 혐오의 문화를 낳기도 했다.

심지어 전설적인 아마존족에게도 그러한 자기혐오의 문화가 있었다. 과감하고 용맹한 전사로 유명한 아마존 전사들은 전투에 방해가 되는 육체의 나약함에 대해 강렬한 거부감을 보였다. 아마존의 어원이 이 점을 증언하고 있다. 그 어원에 대해 두 가지 설이 있는데, 하나는 '가슴이 없는 여자amazos'라는 견해고, 다른 하나는 '빵을 먹지 않는 자amazas'라는 견해다. 이 두 어휘에 공통되는 접두사 'a'에 주목할 필요가 있다. 육체를 허약하게 만들거나 육체의 허약한 부분을 제거한다는 의미를 가지고 있기 때문이다. 활쏘기에 방해가 되는 왼쪽 젖가슴을 제거하거나, 몸을 허약하게 하는 빵을 금함으로써 강인한 육체를 유지하

려고 했던 것이다. 클라우스 테벨라이트Klaus Theweleit는
《남성적 판타지Männerphantasien》에서 이와 같이 강철처
럼 단단한 육체에 대한 욕망을 남성적 판타지의 핵심으로
손꼽았다.

자기혐오의 사도들

토머스 에드워드 로렌스는 누구인가? 영화 〈아라비아
의 로렌스〉(1962)의 실제 주인공으로 널리 알려진 그는 케
임브리지 대학을 최우수 성적으로 졸업한 수재이자, 탁월
한 고고학자이며 더할 나위 없이 용감한 군인이었다. 대중
들에게 그는 사막을 종횡무진하면서 아라비아의 독립 전
쟁에 공을 세운 인물이자, 아홉 번의 총상과 서른세 번의
골절상, 그리고 일곱 차례의 비행기 사고를 이겨낸 초인적
인 인물이었다. 무엇보다 놀라운 것은, 온갖 시련과 고난
에도 꺾이지 않은 의지와 불굴의 정신이었다. 그는 영웅이
사라진 시대의 마지막 영웅으로 간주된다. 그리고 그는 완
벽주의자였다. 완벽주의자였던 로렌스는 자신의 몸을 끔
찍하게 혐오하였다.

어린 시절부터 고집이 세고 의지력이 강했던 로렌스
는 자기 몸을 혐오하고 경멸하였다. 그에게 몸은 질병에
잘 걸리고 작은 고통에도 견디지 못하는 허약한 살덩어리

였다. 그러한 육체의 한계와 나약함을 극복하기 위해 그는 끊임없이 자신을 연마하고 단련하였다. 자기가 육체를 명령하고 지배하지 않으면 직성이 풀리지 않았던 그는 몇 날 며칠이고 먹지도 마시지도 않고 버틸 수 있으며 극심한 고통에도 표정 하나 변하지 않는 몸을 만들었다. 흐물흐물한 살덩어리는 강철 같은 몸으로 벼려져야 했던 것이다. 자서전인 《지혜의 일곱 기둥》에는 그가 몸을 얼마나 혐오했는지 잘 나타나 있다. 한번은 병에 걸려 야전 침대에 열흘 동안 누워 있어야 했다. 이에 대해 그는 "굴욕적이었다. 내 동물적 자아는 그러한 치욕이 자취를 감출 때까지 구석에 틀어박혀 있어야 했다"라고 묘사하였다. 그의 초인적인 의지와 영웅적 행동은 자기혐오에서 벗어나기 위한 극약 처방이었다.

왜 로렌스가 몸을 혐오했던가? 인간은 누구나 먹고 마시며 기뻐하고 슬퍼하며 살다가 나중에는 노쇠하고 끝내는 죽어야 할 존재다. 이것이 인간이다. 신이 아니라면 생로병사의 순환에서 벗어날 수 없다. 몸이 있기 때문에 피로를 느끼고 질병에 걸리지만, 우리는 몸이 있기 때문에 사막을 달리며 게릴라전을 치를 수도 있다. 건강과 질병, 긴장과 이완, 강인함과 유약함, 삶과 죽음은 분리될 수 없는 것이다. 그런데 로렌스는 이러한 짝에서 후자를 혐오하였다. 그에게 부드럽고 연약한 것은 여성적인 것이었다.

그는 여성과의 성적 접촉도 혐오하였다. 그 원인의 일부를 그의 어린 시절에서 찾을 수 있다. 본부인과 네 딸을 둔 귀족이었던 그의 아버지는 하녀였던 그의 어머니와 사랑의 도피를 감행하였다. 이 둘 사이에서 태어난 자식들은 법적으로는 사생아였다. 이러한 이유로, 원래 칼뱅파 교인으로서 그렇지 않아도 엄격한 금욕주의자였던 어머니는 자녀들을 더욱 더 엄격하게 대하였다. 포근하고 따스하며 애정이 많은 어머니의 이미지와는 거리가 멀었다. 그녀는 규범에 어긋나는 행동을 한 자녀에게는 심한 체벌도 서슴지 않았다. 특히 고집이 세고 끝까지 뜻을 굽히지 않는 로렌스가 그러한 체벌을 많이 받았다. 이때 그는 아무리 아파도 눈물을 흘리거나 용서를 구하지 않았다. 육체적 고통에 굴복하는 것은 불의의 폭력에 항복하는 것이나 마찬가지라고 생각하였기 때문이었다. 그에게 몸은 자신의 의지를 보호해주는 갑옷과 방패가 되어야 했다.

만약에 그의 어머니가 따뜻하고 자상했다면 로렌스가 몸을 혐오하게 되었을까? 병석에 앓아누운 자신을 병든 동물처럼 느꼈을까? 어린 시절에 크고 작은 병치레를 해보지 않은 사람은 없을 것이다. 옆에 바짝 붙어서 뜬 눈으로 간병해주는 어머니의 손길을 모두 느껴봤을 것이다. 초등학교 국어 교과서에 〈엄마 손은 약손〉이라는 제목의 짧은 글이 있다. 어머니가 아픈 배를 손으로 문질러주

영화 〈아라비아의 로렌스〉 중에서

아라비아 민족운동의 원조자, '아라비아의 로렌스'

어려서부터 혼자 책을 읽고 사색하기를 즐겼던 로렌스에게 아라비아의 고독은 편안하게 다가왔다. 졸업논문을 쓰기 위해서, 대영박물관 산하 유프라테스강 원정대에 참가하면서 아라비아반도를 거듭 방문한 그가 제1차 세계대전이 발발했을 때 메소포타미아 지역으로 파병된 것은 당연한 일이었다. 독일과 동맹을 맺은 터키를 공격하기 위해 대영제국이 아라비아 연합을 후원할 때, 로렌스는 아라비아의 사막에서 아라비아인들의 옷을 입고 그 선봉에 있었다.

자 어느새 아이가 나아서 잠이 든다는 내용이다. 이와 같이 병치레를 하면서 모자의 애정은 더 두터워진다. 병약한 아이가 부모의 사랑과 관심을 독차지하는 이유도 거기에 있다. 우리는 넘어지면 피가 나고 멍이 든다. 그만큼 외부의 환경에 취약하게 노출되어 있다. 그렇지만 바로 그와 같이 유약한 존재이기 때문에 부모와 이웃의 따뜻한 관심과 배려를 받을 수 있다. 만약 몸이 로봇처럼 야무지고 단단해서 어떠한 외부의 영향에도 끄떡하지 않는다면 이웃들은 우리에 대해 염려하거나 걱정을 할 이유가 없을 것이다. 로렌스가 수치감을 느꼈던 몸의 연약함이 우리를 보살핌과 배려를 받는 존재로 만들어주는 것이다. 끄떡하면 상처가 나고 병에 잘 걸리는 몸, 그것은 우리가 내부로 단단하게 닫힌 존재가 아니라 타자를 향해서 열린 존재라는 사실을 의미한다.

　　로렌스의 자기혐오는 서양 문화와 전통의 연장선에 있다. 그러한 자기혐오가 없었더라면 우리는 욕망을 멀리하고 영혼과 사유에서 자신의 본질을 찾으려는 시도도 하지 않았을 것이다. 우리는 자신이 자유롭다고 생각할 수 있다. 그렇지만 우리는 시간적·공간적으로 제약된 존재다. 하늘을 날고 있다고 생각하는 순간에도 우리 몸은 그대로 땅에 붙잡혀 있다. 유난히 자존심이 강했던 로렌스는 자기가 그와 같이 불완전한 존재라는 사실을 인정하지 않았다.

그에게 몸은 부자유와 한계, 질병과 죽음을 의미할 따름이었다.

　로렌스보다 약 20년 후에 태어난 프랑스의 철학자 장 폴 사르트르도 몸을 혐오하였다. 20세기에 그만큼 대중적 인기와 사회적 권위, 정치적 영향력을 한 몸에 지녔던 인물도 없었을 것이다. 그는 1964년에 노벨상 수상자로 선정되었지만 그 상도 거부하였다. 노벨상이라는 제도에 얽매이고 싶지 않기 때문이었다. 이것은 그가 몸을 혐오하였던 사실과도 무관하지 않다. 《존재와 무》와 《자유의 길》의 저자로서 그가 평생 추구했던 것은 자유였다. 그렇지만 불행하게도 그에게 자유의 본질은 무無에 있었다. 그에게 존재하는 모든 것은 자유를 구속하고 제한하는 굴레에 지나지 않았다. 아버지도 있는 것보다 없는 것이 낫다고 주장했을 정도였다. 그는 자신이 유복자로 태어난 것이 대단한 행운이며 특권이라고 자랑하였다. 그런데 우리의 몸만큼 자유를 구속하는 것이 또 있을까?

　《구토》는 사르트르의 가장 대중적인 작품이다. 혐오의 극적인 표현이 구토다. 구토하는 얼굴 표정도 아름답지는 않다. 얼굴이 벌겋게 달아오르고 팽창하면서 식도로 내려갔던 음식물이 역류해서 입으로 쏟아지는 것이다. 그가 무엇을 보고서 구토를 일으켰던가. 그는 살을 혐오하였다. 이때 살이란 뱃살이나 주름살처럼 흐물흐물하고 불필요하며 형상이 없고 우리의 이상적인 이미지를 망가뜨리는 혼란을 의미한다. 우리의 의지나 생각과 무관하게 자기 멋대로 빵처럼 부풀어 오르기도 하고 주름으로 접히기도 하고 부패하기도 하는 물질의 과잉이자 관성이며 혼란이다. 그리고 존재하는 모든 것은 그러한 물질적 혼란에 노출되어 있다. 아름답고 먹음직스럽던 음식도 입으로 들어갔다가 다시 밖으로 나오면 끈적끈적하고 울긋불긋한 이물질로 변질되어 있다. 요리사가 빚어놓은 형상(몸)이 사라지면서 음식은 뒤죽박죽한 혼돈의 살이 된 것이다.

《구토》에서 주인공 로캉탱이 자기 손을 바라보는 장면이 있다.

탁자 위에 놓여 있는 나의 손을 본다. 그 손은 살아 있다―그것은 나다. 손이 펴지고 뾰족하게 나타난다. 손바닥을 위로 향하고 있다. 기름진 배때기가 보인다. 손가락들은 짐승의 발이다. 나자빠진 게의 발처럼 나는 손가락을 재빨리 움직이며 즐긴다. 게는 죽었다. 다리가 오그라들어 손바닥으로 모여든다. 나는 손톱을 본다―그것만이 나에게서 살고 있지 않은 것이다. 그리고 또, 나의 손이 뒤집힌다. 손바닥을 아래로 향하게 한다. 이제 손등이 보인다. 약간 반짝인다―손가락 뼈가 솟아난 곳에 불그스레한 털이 없었다면 물고기 같았을 것이다. 나는 나의 손을 느낀다. 그것은 나다. 내 팔 끝에서 움직이고 있는 두 마리의 짐승이다. 나의 손은 한쪽 발로 다른 발을 긁는다. 나는 내가 아닌 탁자 위에 놓인 손의 무게를 느낀다. 그것이 길고 길다. 그 무게의 인상이 사라지지 않는다. 그것이 사라질 이유가 없다. 점점 견딜 수 없다.

이 대목에서 로캉탱은 갑자기 자기 손이 손다움을 잃고서 낯설고 기괴한 물체로 바뀌는 것을 목격한다. 아리스토텔레스의 용어로는 형상이었던 손이 질료로 해체되고 분해되고 있는 것이다. 손바닥이 '배때기'로 보이고, 손가락은 짐승의 발이나 게의 발로 보이고, 손등은 물고기처럼 보이고 있다. 손에서 손의 형상을 제거하면 손은 이물질처럼 보인다. 손등의 주름이 가뭄에 쩍쩍 갈라진 논이나 물고기의 비늘처럼 보일 수도 있다. 이러한 낯선 느낌이 확대되면 얼굴은 상자로, 눈은 검은 구멍으로, 코는 벌집으로 보일 수도 있다. 사람이라는 형상이나 의미가 미리 전제되지 않으면 사람은 짐승과 게, 물고기와 같이 모습을 확정할 수 없는 기괴한 대상으로 보일 수 있다. 그러면서 입은 말하는 입이 아니라 아가리나 주둥이가 된다. 《구토》의 다른 대목을 조금 더 인용해보기로 하자.

이상하고 강렬한 느낌의 한가운데서 무엇인가 신기한

것이 나타났다. 나는 이해했다. 그것은 구토였다. 나는 구토에 사로잡혀 있었던 것이다. 사실대로 말하면 그 당시 내가 그와 같이 명확하게 언어로 표현하였던 것은 아니었다. 지금은 말로 설명하기가 어렵지는 않은데, 그것이 바로 우발성이다. 달리 정의하면 존재는 필연이 아니다. 존재한다는 것은 그냥 거기에 있다는 것이다. (……) 이러한 사실을 깨닫게 되는 순간에 가슴이 뒤집어지고 모든 것이 붕 떠오를 것이다. 그것이 바로 구토다.

로캉탱에게 모든 존재하는 것은 필연이 아니라 우연이며, 코스모스가 아니라 카오스다. 피부를 보자. 현미경으로 들여다보면 피부는 피부가 아니다. 거기에는 모근과 기름샘, 땀샘, 신경 수용체, 그리고 신경의 다발들이 있다. 털도 있다. 몸의 표면에서 검은 나무가 자라고, 나무처럼 털에도 뿌리가 있다. 뿌리는 털집에 박혀 있는 것이다. 이와 같이 바라보기 시작하면 피부는 피부가 아니고 털도 털이 아니게 된다. 이것이 의미하는 것은 무엇인가? 나라는 주체도 내가 아니라는 것이다. 나는 짐승의 발이고, 분비물이며, 주름살이고 근육이며, 살이며 피고 뼈다. 그리고 땀 냄새와 발 고린내, 노린내가 풍길 수도 있다.

인간은 생각하는 동물이다. 그렇지만 그냥 생각하는 것이 아니라 살과 피, 기관, 신경, 뼈로 이루어진 몸을 가지고 생각한다. 이 몸은 강철 같은 몸이 아니라 병에 걸리고 노쇠하는 허약한 몸이다. 몸에 심하게 열이 나면 생각하는 존재인 나는 제대로 생각할 수가 없다. 자기가 자유로운 존재여야 한다는 생각을 가진 자에게 이러한 유한성과 물질성은 참을 수 없는 분노를 야기할 수 있다. 인간의 탄생과 죽음을 상기시키는 성적인 접촉도 그러한 혐오의 대상이 된다. 특히 여성적인 것이 혐오스러운 것이 된다. 《구토》에서 로캉탱이 음식점 여주인에게 성적으로 접근하는 장면이 있다. 그는 그녀의 음부에서 오물 냄새가 난다고 중얼거린다. "그녀는 시체에서 풍기는 오랑캐꽃 냄새와 비슷한 우울한 미소를 띠고, 스커트 밑에서 서서히 썩어가고 있었다." 사르트르에게 여성은 몸이라기보다는 혼란스런 살에 가깝다.

로렌스와 사르트르는 자기혐오의 극적인 예다. 왜 인간은 자기를 혐오하는가? 왜 남자는 여자를 혐오하는가? 자신이 영혼이나 이성이라고 믿는 사람은 자신이 동물과 마찬가지로 먹고 마시고 배설하는 육체를 가지고 있다는 사실을 싫어하게 된다. 다른 사람이라면 아름답게 볼 수도 있는 연인들의 입맞춤과 섹스에서 발정한 동물의 교미를 연상하며 이맛살을 찌푸릴 수 있다. 진리가 영원하다면, 육체적인 것은 순간적이고 변덕스러우며 시간에 마모되다가 흔적도 없이 사라져버린다. 육체적인 것은 영원한 진리의 훼방꾼에 지나지 않는다. 만일 순수 영혼이라면 우리는 늙거나 죽지도 않을 것이지 않은가. 이러한 이유로 이마가 훤하고 눈매가 깊은 철학자들은 육체를 경멸하고 혐오하였다. 철학적 소양이 풍부했던 로렌스가 자신을 병든 자신을 동물이라 간주하며 수치스러워하였던 것도 무리가 아니다.

예이츠는 〈비잔티움으로의 항해Sailing to Byzantium〉라는 시에서 소멸하는 육체와 영원한 진리의 대립을 절묘하게 표현하였다. 코엔 형제가 영화 〈노인을 위한 나라는 없다〉(2008)의 제목을 이 시의 첫 줄에서 따온 것으로 더욱 유명해진 〈비잔티움으로의 항해〉 첫 연에서 젊은이들은 산란기의 물고기들처럼 관능적 쾌락에 취해 있다. 노인인 시인 화자는 한편으로 그러한 젊음을 부러워할 수밖에 없다. 그렇지만 여름이 끝나면 가을이 오듯이 그러한 젊음도 한순간이라는 사실을 잘 알고 있다. 태어나고 노쇠하며 죽어야 하는 삶의 순환에 맞물려 있는 것이다. 그렇지만 현재의 쾌락에 취한 젊은이들은 미래의 죽음에 대해 생각하려고 하지 않는다. 그러나 이제 죽음의 문턱에 서 있는 시인 화자는 육체적 쾌락이 아니라 영원히 늙지 않는 영혼의 세계를 바라보고 있다.

포옹하는 젊은 연인들, 숲속의 새들,
강물에서 뛰어오르는 연어들, 바다를 가로지르는 청

어 떼.

　이들 죽어야 하는 생명들

　물고기들, 짐승들, 새 떼들. 온 여름 내내

　짝짓기하고 태어나고 그러다 죽어야 하는 삶에 취해

노래한다.

　저 관능적인 음악에 홀려서

　영원히 죽지 않는 지성의 세계를 망각한다.

《비잔티움으로의 항해》가 말해주듯이 인간은 이중적
존재다. 한편으로는 죽지 않는 영혼이지만 다른 한편으로
는 죽어야 하는 비루한 육체다. 이 양자가 갈등하는 틈새
에서 혐오가 생겨난다. 기독교에서 이러한 갈등은 타락한
세속적 몸과 타락 이전의 순수한 몸이라는 대립적 양상을
취한다. 최후의 심판의 날에 나팔이 울려퍼지면 망자도 무
덤에서 일어나 영원히 아름다운 몸으로 재생하게 된다. 세
속적 몸을 경멸하고 혐오하지 않으면 영원한 몸을 물려받
을 수 없는 것이다.

　영혼 중심주의는 육체를 혐오함으로써 영원한 생명
이라는 잉여를 취하려는 입장이다. 중세의 수도승들이 그
러하였듯이 육체를 혐오하는 것도 삶의 한 방식이다. 그렇
지만 몸이 없이 영혼이 존재할 수 있을까? 베르나르 베르
베르의 소설집 《나무》에는 몸이 없는 영혼의 모습을 보여

주는 흥미로운 단편 〈완전한 은둔자〉가 있다. 주인공은 몸을 쓰지 않고 생각하며 연구하는 지적 활동이 직업인 의사 귀스타브 루블레로, 육체가 불필요하고 거추장스럽다고 느낀 그는 첨단 과학의 도움으로 육체의 구속에서 벗어나는 데 성공한다. 드디어 그는 생각만 하는 존재가 된 것이다. 과연 그가 완벽한 자유를 누리게 되었는가? 아니다. 그는 생각만 할 뿐, 아무것도 하지 못한다. 뭔가 마시고 싶은 마음이 생겼다고 해보자. 그렇지만 그에게는 컵을 잡을 손도, 마실 입도 없다. 완벽한 부자유, 완벽한 무능력에 다름 아니게 된 것이다.

우리는 몸이면서 동시에 몸을 가지고 있다. 우리는 생각이면서 동시에 몸이다. 그리고 몸은 우리 생각을 가능하게 하는 상황이다. 몸은 세계의 상황에, 또 세계는 우주의 상황 속에 있다. 이와 같이 상황 속에 구속되어 있음에도 불구하고 우리는 거기에서 벗어나 자유롭게 살고 싶은 생각을 가지고 있다. 날지 못하지만 날 수 있다는 생각을 한다. 자연의 법칙에 매이지 않고 나의 뜻대로 움직일 수 있는 자유를 갈망하는 것이다. 이와 같이 내 마음대로 할 수 있다는 소망은, 전지전능한 신의 관념과 떼어놓고 생각할 수가 없다. 그의 존재는 영원하고 제한과 한계가 없으며 권능은 무궁무진하다. 하늘이 있으라는 말 한마디로 하늘을 만들지 않았던가. 그러나 우리에게 자유로운 생각이 우리 존재(몸)의 자유를 의미하지는 않는다. 먹지 않고서 살 수 있다고 생각할 수는 있다. 그렇지만 먹지 않으면 죽는다. 몸이 신진대사 기능을 잃으면 그러한 생각마저도 죽음의 입으로 삼켜져버린다.

로렌스와 사르트르에게 자유에 대한 갈망은 매우 역설적이었다. 자유를 원하면 원할수록 자신이 자유롭지 않다는 사실을 더욱 예민하게 의식하게 되기 때문이다. 자신이 영혼이어야 한다고 생각하면 생각할수록 그렇지 않은 육체의 존재를 더욱 고통스럽게 의식하게 된다. 그러한 고통에서 벗어나기 위해서는 육체를 자기의 정체와는 무관한, 아니 자기의 완전성을 위협하는 타자로 만들어야 한다. 청결 강박증 환자를 생각해보라. 손을 씻으면 씻을수록 더욱 더 불결할지 모른다는 불안감에 휩싸인다. 스쳐 지나가는 바람에도 병균이 묻어 있는지 모르는 것이다. 그렇지만 완벽하게 청결한 환경과 완벽하게 청결한 몸은 존재하지 않는다. 강박증 환자는 존재하지 않는 청결의 욕망으로 존재하는 자신의 몸을 혐오하며 괴롭히고 있는 것이다.

타자 혐오: 미움과 싫음

대부분의 국어사전은 혐오를 '싫어하고 미워하는 감정'으로 정의한다. 그런데 싫어하는 감정과 미워하는 감정은 같은 것일까, 아니면 다른 것일까? 나는 다르다고 생각한다. 양자의 의미는 분명하게 구분되어야 한다. 나는 혐오에 대한 논의는 '싫어하다'와 '미워하다'의 차이를 분명하게 규명하는 작업으로부터 출발해야 한다고 본다.

'싫어하다'와 '미워하다'를 영어로 옮기면 각각 'dis–like'와 'hate'이다. 영어에서도 양자의 차이는 선명하게 드러나지 않는다. 그렇지만 프랑스어는 그 차이가 비교적 뚜렷한 장점을 가지고 있다. 동사로서 'détester'는 '싫어하다'와 '미워하다'의 두 의미를 가지고 있지만, 명사로 바뀌면 'détestation'와 'dégoût'로 구분된다. 전자가 '미워하는 감정'이라면 후자는 '싫어하는 감정'이다. 'détestation'과 달리 'dégoût'는 취향의 영역에 속한다. 그것은 무엇을 개인적으로 하고 싶거나 하기 싫어하는 주관적인 감정이다. 예를 들어 사과를 좋아하거나 싫어하는 것은 취향의 문제다. 그래서 '사과를 미워한다'라고 말하지 않는다.

'미워하다'의 반대어가 '사랑하다'라면 '싫어하다'의 반대어는 '좋아하다'이다. 나는 사과를 좋아하거나 싫어할 수 있다. 이것은 어디까지나 취향의 문제다. 좋아하거나 싫어하는 이유를 설명하지 않아도 좋다. 만약 사과가 이익을 주거나 손해를 끼치는 '행동'을 한 적이 있다면 나는 좋고 싫은 이유를 말해줄 수 있을 것이다. 그렇지만 사과는 행동하는 것이 아니라 다만 존재할 따름이다. 그렇다면 고양이는 어떠한가? 고양이는 옳거나 그릇된 행동을 할 수 있다. 그래서 사과를 미워할 수는 없지만 부엌에서 생선을 훔쳐 먹는 고양이를 미워할 수는 있다. 대소변을 가리지 못하는 강아지도 마찬가지로 미워할 수 있다. 그것은 이러저러한 이유로 나에게 불이익을 주기 때문이다.

미워하거나 싫어하는 대상으로서 사과와 강아지의 차이는 존재와 행동의 차이이다. 존재가 미학의 영역에, 행동은 윤리학의 영역에 속한다. 달리 말해 혐오의 이유가 미학적일 수도, 윤리적인 것일 수도 있다. 이 사실은 아무리 강조해도 지나치지 않는다. 행동은 우리에게 이익이나 불이익, 해악이나 혜택, 즉 우리에게 긍정적이거나 부정적인 영향을 주는 결과를 만들어낸다. 그러나 움직이는 모든 것이 윤리적인 것은 아니다. 나무에서 떨어지는 나뭇잎의 움직임이나 〈호두까기 인형〉을 공연하는 발레리나의 움직임은 심미성의 영역에 속한다. 그것은 우리와 직접적인 이해관계가 없는, 그래서 거리를 두고서 중립적으로 구경하거나 감상할 수 있는 움직임들이다. 그렇지만 콘서트홀에서 옆에 앉은 사람이 친구와 계속 잡담을 나누고 있다면 그것은 불쾌한 행동이 된다. 이때 나는 집중을 방해하는 상대방이 미워진다.

혐오는 심미적 반응으로서의 싫음과 윤리적 반응으로서의 미움으로 구분될 수 있다. 혐오의 대상은 그냥 싫을 수도 있고 이런저런 이유로 미울 수도 있다. 그래서 우리는 혐오하는 대상이 그냥 싫은 것인지 아니면 미운 것인지 스스로에게 자문할 필요가 있다. 물론 미우면서 동시에 싫을 수도 있다. 그리고 미움과 싫음의 명확한 구분이 불가능하거나 그 차이가 애매모호하며 상황 의존적일 수도 있다. 그러한 점을 인정하지 않는 것은 아니지만, 이 책에서 나는 미움은 윤리적 판단이고 싫음은 심미적 판단이라는 구분을 유지할 것이다.

미움과 싫음의 차이를 예시해보기로 하자. 김소진의 〈처용단장〉은 부부 간의 애증을 다룬 작품이다. 여기에서 남편은 아내에 대한 자신의 감정 변화를 다음과 같이 느끼고 있다. "그때는 그게 아내의 놓칠 수 없는 매력이었는데 지금은 왜 그리 역겹게 비치는지 알 수 없는 노릇이었다." 아내와 말다툼을 하고 있는 서영태는 그녀의 명확하고 논리적이면서 빈틈이 없는 말투를 역겹게 느끼고 있다. 그런데 과거에 그는 그녀의 딱 부러지는 언변에 매료되지 않았던가. 달라진 것은 아내의 말투가 아니라 그녀에 대한 그의 감정이다. 과거에 좋아했던 아내의 말투가 이제는 신경에 거슬리게 된 것이다. 그녀의 말투가 그에게 특별히 해악을 끼쳤던 것은 아니다. 그는 아내의 행동을 미워하는 것이 아니라 다만 아내가 싫어졌을 따름이다.

실제로 일어난 사건이다. 1988년 5월 13일 미국에서

22살의 스티븐 카Stephen Carr라는 청년이 야영지 텐트에서 사랑을 나누고 있던 레즈비언 커플에게 총격을 가했다. 한 명은 그 자리에서 사망하고 다른 한 명은 중상을 입었다. 나중에 법정에 선 그는 동성애자의 섹스 장면이 너무나 혐오스러워서 자기도 모르게 총을 발사하게 되었다고 변명하였다. 그들이 그를 놀리거나 야유하는 행동을 했던 것은 아니었다. 다만 그가 동성애를 혐오하였다. 카의 변호사는 그가 과거 소년원에 수감되었던 시절에 동료 죄수에게 강간을 당한 적이 있다는 사실을 제시하면서 선처를 호소하였다. 이 강간당한 경험이 동성애에 대한 강렬한 혐오감을 유발했던 셈이다. 분명 당시에 그는 가해자인 동료 수감자를 증오하고 혐오하였을 것이다. 그렇지만 그가 총을 발사했던 레즈비언은 그에게 직접적으로 피해를 주는 행동을 하지 않았다. 그럼에도 그는 그들이 너무나 싫었던 것이다.

혐오 범죄의 원인이 미움이 아니라 싫음인 경우가 많다. 최근에 미국 뉴욕에서 일어났던 사건을 보자. 2016년 9월 8일에 삼십 대의 백인 여성이 유모차에 아이를 태우고 산책하던 아랍계 여성 두 명을 폭행했다. 이들이 그녀에게 폭행의 원인을 제공했던 것은 아니었다. 그들은 다만 히잡을 쓴 아랍계 여성이었을 따름이다. 평소에 이슬람 혐오 발언을 일삼았던 가해자는 범행 직전 페이스북에 "히잡을 쓴 여자들은 전부 다 지옥에 가라!"라고 적었다. 그녀는 이슬람교도를 싫어했던 것이다. 이러한 혐오 범죄는 헤아릴 수 없이 많다. 아주 끔찍한 사건으로 2016년 6월 12일에 미국 플로리다의 한 동성애 나이트클럽에서 발생한 무차별 총격 테러를 들 수 있다. 49명이 숨지고 53명이 다쳤다. 범인은 평소에 동성애자를 혐오하던 29세의 청년이었다. 2016년 7월 26일에 일본에서는 한 장애인 시설에 무단 침입한 한 청년이 닥치는 대로 칼을 휘둘러서 장애인 19명이 사망하고 26명이 중경상을 입었다. 평소에 장애인 혐오 발언을 일삼았던 범인은 범행 후 자수하면서 "그놈들 해치웠다"라고 말했다고 한다.

자기와 다른 타자에 대한 증오가 얼마나 심했으면 아이와 함께 산책하던 낯선 여성을 폭행하고, 동성애자 클럽에 침입해서 총기를 난사하고 또 장애인들에게 칼을 휘두를 수 있었을까? 타자를 싫어하는 감정이 깊어지면 증오가 되고 혐오가 된다. 히잡을 쓰지 않은 백인 여자에게는 히잡을 한 여성이 혐오스런 타자가 된다. 이성애자에게는 동성애자가, 장애가 없는 사람에게는 장애인이 혐오스런 타자가 된다. 단지 자기와 다르다는 이유로 타자를 혐오하는 것이다.

혐오는 어떻게
생겨나는가?

취향에는 이유가 없다. 내가 사과를 싫어한다면 여기에 반드시 이유가 있을 필요는 없다. 그냥 내 미각에 맞지 않는 것이다. 우리가 특별한 개인적 이유 없이 동성애자나 장애인, 외국인 타자를 싫어할 수 있다. 그냥 싫어하는 것이다. 그렇지만 그와 같이 싫은 감정이 타고나는 것이 아니라 만들어진 것일 수 있다. 마르크스는 감각에도 역사가 있다고 주장하였다. 만약에 레즈비언에게 총격을 가했던 청년이 과거에 동성에게 강간을 당한 트라우마가 없었더라면 그는 동성애자 타자를 혐오하지 않았을 수도 있다. 히잡을 착용한 여인을 폭행한 백인 여자도 태어나면서부터 이슬람교도를 싫어하지는 않았을 것이다. 그녀가 성장한 환경과 사귀었던 친구들이 그녀를 이슬람 혐오자로 만들었을 것이다. 만약 그녀의 어릴 적 친구 중에 아랍인이 있었다면 이슬람에 대한 그녀의 감정과 태도가 달랐을 것이라고 추측해볼 수 있다. 이와 같이 취향과 감각에도 역사가 있다. 타자로 태어나는 것이 아니라 타자로 만들어지는 것이다.

외국인이나 장애인과 같은 타자를 향한 혐오의 감정도 역사를 가지고 있다. 그렇다면 역사와 무관한 듯이 보이는 음식 취향은 어떠할까? 혐오와 자주 연결되는 말의 하나가 '혐오 식품'이다. 음식에 대한 혐오는 윤리적 감정이 아니라 심미적 감정이다. 우리의 취향이 거부반응을 일으키는 식품이 혐오 식품이다. 우리가 먹기 싫어하는 소극적 반응으로 그치는 것이 아니라 아예 쳐다보기도 싫다는 적극적 거부의 반응을 유발하는 것이다. 이러한 혐오 식품의 목록을 열거하자면 끝이 없을 것이다. 그렇지만 분명한 것은, 혐오 식품에도 역사가 있다는 사실이다. 독약과 같이 생명과 건강에 치명적이거나 해로운 것이 아니라면 원래부터 혐오 식품이었던 음식은 없었다. 혐오 식품은 만들어지는 것이다.

우리나라에서 혐오 식품이라는 용어가 언제 입에 오르내리게 되었을까? 혐오 식품이란 타자화된 식품을 말한다. 타자의 등장과 더불어 혐오 식품이 탄생하는 것이다. 이 점에서 혐오는 철저하게 사회적이고 정치적이다. 때문에 1980년 이전에는 혐오 식품이 없었다는 사실은 매우 의미심장하다. 혐오 식품이 처음 생겨난 것은 1980년대 초에 국가의 주도로 88 올림픽을 준비하는 가운데 우리나라를 방문할 외국인 타자의 시선에 의해서였다. 외국인 타자의 시선을 염려한 정부는 일부 전통 음식을 혐오 식품으로 규정하고 배척하기 시작하였다. 그 역사를 좇는 작업을 통해 우리는 혐오가 얼마나 정치적인지 깨닫게 될 것이다.

혐오 식품의 발명

우리는 모든 것을 먹지는 않는다. 잘못 먹으면 식중독에 걸리거나 최악의 경우에는 목숨을 잃을 수 있다. 생존하기 위해서 우리는 할 수 있는 것과 할 수 없는 것, 허용되는 것과 금지해야 하는 것을 구별하지 않으면 안 된다. 가장 일차적이며 기본적인 것은 먹을 수 있는 것과 먹을 수 없는 것의 구분이다. 이것은 생명의 유지와 직결되는 본능에 가깝다. 배가 고프면 먹을 것을 찾는 것이 본능이다. 그렇지만 그것이 인체에 해로운 독극물이라면 입에 들어갔다고 하더라도 몸서리를 치며 토해내는 것도 역시 본능이다. 독극물이나 상한 음식의 냄새를 맡는 순간에 연수에 있는 구토중추가 반사적으로 반응하기 때문이다.[*] 이때 혐오감은 해로운 것으로부터 몸을 보호하기 위한 방어기제다. 해로운 음식이 창이라면 혐오감은 방패다.

그렇지만 먹을 수 없는 음식과 먹지 않는 음식은 동일하지 않다. 먹을 수 있다고 해서 모든 음식을 우리가 다 먹지는 않는다. 사람마다 취향이 다른 것은 물론이고 채식주의자처럼 육식을 신념에 따라 거부하는 사람도 있다. 그렇지만 개인적 취향보다 중요한 것이 문화적 차이이다. 인도에서는 소고기가 터부시되고 있지 않은가. 그리고 처음

[*]   셔윈 널랜드, 《몸의 지혜》, 김학현 옮김, 사이언스북스, 2002.

맛보는 사람이 너무나 쓰다고 뱉어버리는 에스프레소를 오히려 달콤하다고 좋아하는 커피 애호가도 있다.

먹을 수는 있지만 생각하거나 보기만 해도 구토가 나올 것 같은 식품을 혐오 식품이라고 한다. 영화 〈인디애나 존스〉(1984)에는 원숭이 진미, 그것도 눈을 끔뻑이며 살아 있는 원숭이의 머리를 식탁에 올려놓고 숟가락으로 골을 파먹는 장면이 있다. 이 장면을 보면서 나는 너무나 잔인하고 혐오스러워서 눈을 돌려버렸다. 우리가 그렇게 원숭이 골을 먹어도 좋은 것일까?

극히 최근까지도 중국에서 원숭이 골 요리는, 보통 사람이라면 엄두도 내지 못할 값비싼 진미로 취급되었다. 그렇지만 원숭이가 많이 서식하는 남아시아의 일부 지역에서는 원숭이 요리가 그렇게 값비싼 진미는 아니다. 희소성의 원칙이 적용된다고 할 수 있다. 2015년에 방영된 TV 프로그램 〈정글의 법칙 라스트 헌터〉는 보르네오섬 북서 해안의 브루나이에서 원숭이 요리를 취재하였다. 원주민들은 우리가 돼지고기나 닭고기를 먹듯이 원숭이 고기를 즐겨 먹는다. 그들에게 원숭이 요리는 혐오 식품이 아니라 고마운 영양 공급원이다. 그럼에도 우리는 원숭이 요리를 상상하기만 해도 혐오감을 느끼게 된다.

굳이 중국이나 브루나이까지 멀리 갈 필요도 없다. 우리나라에도 혐오 식품이 적지 않다. 보신탕을 필두로 뱀탕, 토룡탕, 번데기 등이 혐오 식품으로 분류되어 있다. 보신탕이 혐오 식품일까? 이러한 질문은 '햄버거가 혐오 식품이 아닐까?'라는 질문처럼 무의미하다. 그 자체로서 혐오스러운 식품은 존재하지 않기 때문이다.

개고기가 혐오스럽다는 말과 그것이 혐오 식품이라는 말 사이에는 엄청난 차이가 있다. '그가 시험에 실패하였다'라는 말이 '그는 실패자다'라는 것을 의미하지는 않는 것처럼 말이다. 얼굴이 검다는 말과 흑인이라는 말의 차이를 생각해보라. 전자가 개별적 묘사라면 후자는 추상명사, 그것도 하나의 개념이다. 우리 사람 가운데는 얼굴이 비교적 검은 사람이 있는가 하면 그렇지 않은 사람도 있다. 그렇다고 우리가 전자는 흑인이고 후자는 백인이라는 식으로 범주화하지는 않는다. 단지 개인적인 차이가 있을 따름이다. 혐오 식품이라는 용어에 대해서도 마찬가지다. 그러한 용어가 출현하기 전에도 보신탕을 좋아하지 않는 사람들은 있었다. 그렇지만 자기가 보신탕을 싫어한다고 해서 혐오 식품이라는 낙인을 찍는 사람은 없었다. 낙인을 찍는 순간에 '나는 개고기를 안 먹는다'라는 개인적 취향이 '모든 사람은 개고기를 먹지 말아야 한다'라는 명제로 전환되기 때문이다. 개인적 취향을 보편적인 것으로 입법화하는 것이다. 진시황과 같은 전제군주가 아니라면 어떻게 자신의 취향을 보편적인 것으로 만들 수 있겠는가?

아드리안 브라우버르, '쓴 약 한 모금'(1636~1638년경)

역겨움은 불쾌하고 혐오스러운 것에 대한 감정을 나타내는 반응이다

남자는 온 얼굴을 찌푸려서 쓴 음료를 마신 데 대한 역함을 드러내고 있다. 그가 마신 것은 당시 말라리아 치료제로 유명하던 신코나 나뭇잎으로 달인 약으로 보인다. 남자의 눈은 발작적으로 찡그려져 있고 콧등과 미간에는 깊은 주름이 잡혀 있으며 입은 크게 벌어져 있다.

우리나라에서 개고기는 음식이면서 문화의 일부였다. 육류를 구하기가 쉽지 않았던 시절에 음력 6월에서 7월 사이 초복과 중복, 말복에 개고기로 보신하는 것이 오래된 풍습이었다. 영계백숙이나 팥죽으로 대신하기도 하였지만 개고기가 최고의 보양식이라는 인식에는 변함이 없었다. 개고기를 혐오한다는 말은 우리 문화를 혐오한다는 말과 마찬가지였다.

구한말에 조선을 방문했던 외국인들이 신기하게 여겼던 풍경의 하나는, 동네마다 짖어대는 수많은 개 떼들이었다. 그만큼 주민들이 많은 개를 기르고 있었다. 물론 식용견이었다. 우리나라 사람들이 원래부터 돼지고기나 소고기보다 개고기를 선호했던 것은 아니었다. 유럽과 달리 소, 양, 돼지와 같은 가축이 우리나라에는 충분치 않았다. 육류가 부족한 가운데 단백질을 보충하기에 개고기가 가장 손쉽게 구할 수 있는 음식이었던 것이다. 소고기에 비하면 개고기가 훨씬 저렴했다. 부유한 양반이나 상인은 개고기로 보신하는 대신에 소고기로 '육개장'을 만들어 먹었다. 그렇지만 서민들은 국에 개고기를 풀어 넣는 개장국을 즐겨 먹었다. 물론 소고기만큼은 아니지만 개고기도 귀한 음식이기는 마찬가지였다. 《조선왕조실록》에는 개고기를 뇌물로 바치고 벼슬을 얻었다고 하는 기록도 있다.

전통 음식이었던 보신탕이 처음부터 국가의 제재 대

상이었던 것은 아니었다. 그렇지만 소고기나 닭고기처럼 떳떳하게 유통되지는 않았다. 1975년 3월에 서울시는, 당시 무허가 식품 접객업소로 분류되었던 약 1,000여 보신탕집을 간이음식점으로 양성화하고 등록증을 발부하였다는 기록이 그 점을 말해준다. 서울시의 방침도 일종의 절충안이었다. 서울시가 보신탕집에 음식점의 자격을 부여하는 대신 간이음식점으로 분류하는 것에 만족하였던 것이다. 당시 보건사회부는 개고기를 식품으로 인정할 것인지 아닌지에 대해 사회적 합의를 도출하지 못한 상태에 있었다. 이 지점에서 다음과 같은 의문이 든다. 우리의 전통 보양식이었던 보신탕에 대해서 왜 사회적 합의를 이루어야 했던 것인가?

보신탕에 대한 제재의 역사는 외국인 타자의 존재와 맞물려 있다. 과거로부터 전해 내려오는 관습이나 풍속이 전통이다. 그러나 우리의 일부가 된 전통도 외국인 타자의 눈에는 매우 낯설게 보일 수 있다. 가령 우리의 식욕을 자극하고 군침을 돌게 만드는 김치나 김밥이, 한 번도 그것을 접한 적이 없는 외국인에게는 혐오스럽게 느껴질 수 있다. 나 자신이 그러한 경험을 한 적이 있다. 미국에서 유학을 시작하던 1986년 이전에 나는 김밥에서 냄새가 난다고 생각해본 적이 없었다. 우리의 몸에서 마늘 냄새가 풍긴다는 것을 상상해본 적도 없었다. 그런데 미국에서 1986년에 겪은 사건이 그러한 생각을 180도로 바꿔놓았다. 어느 날 김밥을 먹고서 세미나에 들어갔던 나는 동료 학생들의 표정에서 야릇한 변화를 눈치챘다. 그들은 킁킁 냄새를 맡는 듯한 표정을 짓고 있었다. 그 순간 나는 가슴이 철렁 내려앉고 무척이나 당황하였다. 김밥에는 김밥 특유의 냄새가 있다. 그러나 우리는 김밥에서 냄새가 난다고 느끼지 않는다. 만약 냄새라면 그것은 당연히 있어야 할 김밥 냄새지 이상한 악취는 아니다. 마찬가지로 우리는 몸에서 냄새가 난다고 생각하지 않는다. 만약 냄새라면 그것은 사람 냄새지 않은가. 그럼에도 우리는 유럽인의 옆에 있으면 그의 몸에서 풍기는 노린내를 맡는다. 한국인의 코는 유럽인의 몸에서 악취를 지각하는 것이다.

외국인 타자에게 보여지기 전에는 개고기는 혐오 식품이 아니었다. 외국인이라고 모두 똑같은 외국인 타자는 아니다. 만약 그 외국인이 중국인이었다면 개고기를 혐오 식품으로 생각하지는 않았을 것이다. 개고기를 식용하지 않는 문화권에서만 야만적인 음식으로 보이게 된다. 미국의 문화인류학자인 마빈 해리스는 《음식 문화의 수수께끼》에서 "우리가 벌레를 안 먹는 이유는 더럽고 혐오스러워서가 아니다. 우리가 먹지 않기 때문에 더럽고 혐오스럽다고 생각한다"라고 주장하였다. 자기가 먹는 음식이 좋은 음식이라면 먹어보지 못한 낯선 음식은 나쁜 음식으로 간주된다는 것이다. 달리 말해서 혐오스러운 음식은 자신이 먹어보지 않은 음식이다. 번데기를 먹은 적이 없는 사람에게 번데기 음식은 혐오스럽게 느껴진다. 으, 사람이 번데기를 먹다니! 마찬가지로 달팽이를 먹어본 적이 없는 사람은 그것을 맛있게 먹는 프랑스 사람을 혐오스럽게 느낀다. 으, 사람이 달팽이를 먹다니! 혐오의 기준이란 그 음식 자체가 아니라 사람들의 머릿속에 있다.

　우리나라에서 개고기가 음성화되기 시작한 것은 일제강점기 때부터였다. 한국과 중국에 앞서서 유럽 문물을 수용하고 아시아의 영국으로 자처하면서 자국의 유럽화를 꾀하였던 일본은 자신이 문명화된 국가라는 점을 기회가 있을 때마다 강조하였다. 그래서 유럽인에게 야만적으로 보일 위험이 있는 모든 풍속에 규제를 가하였다. 일본이 통치하는 조선에서도 보신탕과 같은 야만적인 식습관은 발본색원되어야 한다고 보았다. 그 결과로 개고기를 유통하거나 식용한 사람들은 치안죄로 체포되어 감옥살이를 해야 했다.[*] 끔찍하지 않은가. 개고기를 먹었다는 이유로

---

[*]　당시에 '개 먹고 콩 먹고'란 노래가 유행하였다. "어제는 개 한 마리 잘 먹더니 오늘은 감방에서 콩밥을 먹네昨日食犬 今食太. 점 하나 위아래 옮겼을 뿐인데 아, 이 내 몸 왜 이리 고달픈가上下一點 苦吾身." 큰 대大자 위에 점이 붙으면 개 견犬, 아래 붙으면 콩 태太자가 되는 조어법으로 일본을 절묘하게 풍자한 것이다.(민병욱, 「올림픽이 추방한 '야만 음식' 보신탕」, 네이버캐스트 '그 시절 그 이야기' 참조)

감옥살이라니!

해방이 되고 나서도 개고기에 대한 의혹의 눈초리는 풀리지 않았다. 미국의 원조에 크게 의존했던 이승만 정권은 미국의 눈치를 보지 않을 수 없었다. 그렇다고 서민들이 즐기는 개장국의 판매를 전면 금지할 수도 없었던 노릇이었다. 이승만 정부는 개장국이라는 이름을 '보신탕'으로 대체하는 타협안을 마련하였다. 서양인에게 노골적으로 들릴 수 있는 개장국에서 '개'라는 말을 제거하고 보신탕이라는 완곡어법을 사용한 것이다. 듣기만 해도 정체가 금방 드러나는 개장국과 달리 보신탕에서는 개가 연상되지 않기 때문이었다. 똥을 변이라고 부르는 식이었다.

사실 해방 직후 우리의 일상에서는 외국인 타자의 모습을 보기가 어려웠다. 기껏해야 미군들이 간혹 눈에 들어올 따름이었다. 1960년에 240만~250만이던 서울의 인구가 830만~840만으로 급증한 1980년에도 우리 주위에서 외국인을 보기란 쉽지 않았다. 외국인 타자의 시선은 구체적이기보다는 추상적이었던 것이다. 이 점에서 보신탕은 일반 대중들이 걱정할 사안이 아니라 관료들이 떠안아야 하는 문제라고 해야 옳았다.

언제부터 외국인 타자의 시선이 일상에 침투하기 시작했을까? 언제부터 외국인 타자의 눈으로 우리 자신을 보기 시작했을까? 언제부터 우리 몸에서 마늘 냄새가 나며

청국장에서는 부패한 음식의 악취가 풍긴다고 생각하게 되었을까? 언제부터 우리는 그러한 외국인 타자의 시선에 비친 자신의 모습에 얼굴을 붉히게 되었을까? 언제 자신이 즐겨 먹는 음식을 외국인은 혐오스러워할지 모른다고 생각하게 되었을까? 혐오 식품이라는 말은 언제 출현했을까?

1988년은 제26회 올림픽이 서울에서 열렸던 해다. 외국인 타자의 시선이 대한민국의 지형이 바꿔놓은 지각변동의 와중에 혐오가 고성을 지르며 태어났다. 정확히 말해서 올림픽 유치가 결정된 1981년 이후로 대한민국은 혐오의 입덧과 산통을 치르기 시작하였다. 유치가 결정된 당시 우리는 춤추고 환호하며 감격의 눈물을 흘렸다. 이후로는 올림픽의 순산을 준비하는 낙으로 살았다고 말해도 과언이 아니었다. 세계의 50억 모든 사람들에게 자랑스런 대한민국의 발전상을 보여줄 수 있다니! 한강의 기적이라 하지 않았던가. 더구나 1980년대 중후반에 우리는 단군 이래 최대의 호황을 누리고 있었다.

88 올림픽이 혐오에 대한 논의에서 중요한 이유의 하나로, 올림픽 유치가 결정되고 2년 후인 1983년에 뱀탕, 보신탕 등 이른바 혐오 업소들이 사대문 밖으로 쫓겨났다는 사실을 들 수 있다. 시민에게 혐오감을 주고 국제도시의 품위를 떨어뜨린다는 이유에서였다. 개최 서너 달 전에는 경찰이 혐오 식품 업소를 집중적으로 단속하였다. 그

결과 60개 업소가 고발되고 20개 업소는 영업이 정지되었으며 383개 업소는 시정 명령을 받았다.

혐오 식품이라는 용어는 1984년에 탄생하였다. 올림픽 준비를 서두르던 서울시가 도시의 외관을 미화하기 위한 일환의 하나로 만들어낸 신조어다. 보양식으로 이름을 갈아탔던 개고기가 이제 혐오 식품으로 재정의되었다. 세계인의 시선이 우리의 일거수일투족을 지켜보고 있다는 것은 생각만 해도 식은땀이 나는 일이다. 외국인 타자의 눈에 어떻게 비칠 것인가. 마늘 냄새가 난다면 가글이라도 해야 하지 않을까.

올림픽 유치가 결정된 이후로 대한민국의 얼굴인 서울을 미화하는 작업도 본격적으로 전개되기 시작하였다. 당시의 신문은 정부가 앞다퉈 도로를 정비하고 환경을 미화하는 사업을 추진하고 있다는 기사를 연일 내보냈다. 철도변 건물 이전, 불량 주택 개수, 88 손님맞이 4단계 운동 돌입, 환경 미화에 자원봉사자 1,600명, 새마을 지도자 2,000명을 환경 미화 봉사 요원으로 선발, 여의도 단지 주변 환경 미화 등등. 이전에는 당연하게 여겨졌던 도로와 건물, 시설물들이 타자의 시선에 투영되면서 갑자기 당연하지 않은 것으로, 보여주기에 너무 추한 것으로 간주되기 시작했다. 이러한 변화는, 1983년 10월 6일자 〈조선일보〉에 기고된 당시 서울대 인문대 교수였던 임영방의 「도시 미화」라는 제목의 칼럼에 잘 드러나 있다.

> 지저분한 길가가 큼직큼직한 국제 행사가 국내에서 있
> 게 되고 많은 외국 귀빈 및 관광객이 온다고 하여 조금씩
> 정리되고 단장이 돼가고 있다. 이상한 일은, 꼭 어떤 큰
> 일이나 무슨 중대한 사건이 있어야 서둘러서 그 준비를
> 하고, 또는 사후 대책을 강구하는 습관이다. 서울의 가두
> 정리나 그 단장은 오래전부터 준비성 있게 진행해야 할
> 일이라고 본다. 평소에 너절하던 여인이 갑작스레 분 바
> 르고 화장한다고 해서 큰 효과를 본다고 할 수는 없다.

이 글에서 임 교수는 미화 사업이 외국인 타자의 시
신을 의식하면서 진행되고 있다는 사실을 지적하는 한편,
그 이전에도 도시를 아름답게 가꾸었어야 했다는 당위성
을 제시하고 있다. 그는 흥미롭게도 도시 미화를 여인의
화장에 비교하고 있다. 그러나 우리는 88 올림픽과 같은
국제 행사가 없어도 도시와 환경을 미화해야 한다는 당위
성에 이의를 제기할 수 있다. 타자의 거울에 비춰보지 않
으면 여인은 "분 바르고 화장을" 하지 않더라도 "너절하
지" 않기 때문이다.

길가의 노점상이나 철도변의 허름한 집, 가건물들은
외국인 타자의 시선이 아니라 내국인의 절박한 필요에 의

해 생겨난 것들이었다. 부유한 양반이 개장국 대신에 육개장을 먹을 수 있었듯이 노점상도 여유가 있었다면 번듯한 건물에서 편안하게 장사를 할 수 있었을 것이다. 마찬가지로 선택의 여지가 있었다면 허름한 집의 거주자도 그와 같이 누추한 곳에서 살지 않았을 것이다. 주어진 환경과 필요의 압력에 의해서 노점과 초라한 집이 생겨났다. 이때 아름다운가 아니면 추한가, 라는 심미적인 질문은 그러한 삶의 절실한 맥락에서 벗어난 우문愚問이 된다. 빈곤에 시달리지 않아도 되는 부유한 타자만이 제삼자의 관점에서 그와 같이 심미적인 질문을 던질 수 있기 때문이다.

지금까지의 논의를 정리해보자. 88 올림픽이라는, 단군 이래 최대 규모의 세계적 행사를 유치하게 되면서 우리는 타자의 시선을 의식하게 되었다. 도시 미화 사업은 이러한 타자의 시선이 내면화된 결과다. 우리는 우리의 음식 문화가 서양과 다르다는 사실에 눈길을 돌리게 되었다. 아니, 그러한 서양인의 시선으로 우리 자신을 바라보게 되었다. 그냥 서양인가? 세계를 지배하고 문명의 첨단에 있는 서양이 아닌가! 만일 서양이 우리 음식을 불결하다고 거들떠보지도 않으면 어떻게 하나? 한국인이 야만적이라고 핀잔을 주지는 않을까? 이와 같이 불안한 시선이 전통 음식을 혐오스러운 것과 그렇지 않은 것으로 구분하도록 만들었다. 그뿐만이 아니었다. 우리는 혐오 식품이 무엇인지 교육을 받

1936년 베를린 올림픽에서 자신이 발명한 텔레비전 송신용 카메라
'올림피아 카논(Olympia-Kanone)' 뒤에 서 있는 엔지니어 발터 브루흐

외국 손님들에게 가난한 서울을 들키지 않기 위해

88 올림픽을 준비하면서 외국인들의 눈에 비친 서울의 모습을 가꾸기 위해
다양한 이주 정책과 재개발이 추진되었다. 성화가 봉송되는 경로의 판잣집
은 모두 철거되었고, 거리의 부랑자나 장애인들은 보호시설에 일괄 수용되
었다. 올림픽에 참가하는 선수들이 입국하는 김포국제공항과 그로부터 서
울 시내로 이어지는 국회대로, 태릉 국제사격장 인근은 모두 재개발되어
지금의 목동, 상계동 등지의 아파트단지를 이루게 되었다.

아야 했다. 지식의 이름으로 담론화되고 유통되기 시작했던 것이다. 그것은 우리가 서양과 마찬가지로 선진국에 합류할 수 있도록 만들어주는 소중한 문화적 지식이 되었다.

혐오 식품의 탈혐오화

유럽은 우리가 열심히 배우고 모방해야 할 모델이었다. 유럽이 혐오하는 것이라면 우리도 혐오해야 마땅하였다. 혐오의 꼬리를 잘라내지 않으면 우리는 문화 선진국에 합류할 수 없다는 공감대가 형성되었다. 이러한 상황에서 자기혐오는 다분히 나르시시즘적이 된다. 자기를 사랑하기 위해서 자기를 먼저 부정할 필요가 있는 것이다.

혐오의 감정은 주체와 타자의 구별이 없으면 생기지 않는다. 그냥 구별이 아니다. 그것은 위계화적 구별, 즉 차별의 기제다. 혐오의 주체는 혐오의 대상에 대해서 우월한 위치에 설 수 있게 된다. 혐오는 나르시시즘을 강화하는 것이다. 일례로 구한말 개화론자였던 서재필은 동양의 식습관을 비하하면서 "조선 사람들은 김치와 밥을 먹지 않고 소고기와 브레드를 먹게 되어야 한다"라고 주장하였다.[*]

---

[*]   강준만, 《한국 근대사 산책 3: 아관파천에서 하와이 이민까지》, 인물과사상사, 2007.

그는 김옥균과 박영효, 홍영식과 더불어 갑신정변을 주도한 개화파의 일원으로 나중에는 미국으로 망명한 인물이다. 서양을 직접 경험한 제1세대 조선인으로서 그는 우리가 전통적 문화유산을 버리고 서양을 모방하지 않으면 미래가 없다고 주장하였다. 당시 절망적이던 조선의 사정을 생각하면 그의 생각이 전혀 터무니없지는 않다고 할 수 있었다. 그러나 그가 부러워한 유럽도 19세기 중엽까지는 가난과 기근에 시달리고 있었다는 사실을 그는 모르고 있었다. 17~18세기에는 부유한 유럽인도 1년에 소비하는 고기의 양이 한 사람당 27킬로그램에 지나지 않았다.[*] 현재 우리의 인당 육류 소비량이 42킬로그램이라는 사실을 생각해보라. 더구나 중세로 거슬러 올라가면 서양에서 고기는 기사와 같은 지배 세층의 특권이었다.[**] 이와 같이 육류가 충분하지 않던 시대에는 유럽인도 당연히 개고기를 섭취하였다. 산업화와 자본주의, 제국주의를 등에 업고서 부유해진 다음에야 개고기를 혐오 식품으로 간주하기 시작한 것이다. 그리고 그러한 자국의 기준을 세계의 다른 나라에게도 강요하였다.

[*]   다니엘 아라스 외, 《몸의 역사 1: 르네상스부터 계몽주의 시대까지》 주명철 옮김, 길, 2014.

[**]   자크 르 고프, 니콜라스 트뤼옹, 《중세 몸의 역사》, 채계병 옮김, 이카루스미디어, 2009.

세계의 문화 전쟁에서 개고기는 자주 예민한 사안으로 등장한다. 그것이 이슈화되면 대부분 유럽이 이긴다. 유럽 동물 보호 단체는 우리 정부가 개고기 판매를 중단하지 않으면 88 올림픽을 보이콧하겠다고 협박하였다. 2008년 베이징 올림픽이 개최될 당시 유럽 동물 보호 단체의 항의에 직면했던 중국은 올림픽 지정 호텔에 대해서는 개고기 판매 금지령을 내렸다. 비슷한 일이 최근에도 있었다. 박근혜 당시 대통령이 2018년 평창 동계 올림픽의 마스코트로 진돗개를 제안하였지만, 실패하였다. 아직도 한국은 개고기를 식용하는 나라라는 인식이 유럽의 뇌리에 박혀 있기 때문이었다.

그렇지만 유럽이 무슨 자격으로 남의 식문화에 감 놓아라 배 놓아라 간섭하는 것일까? 1980년대에 혐오 식품을 사대문 밖으로 추방하는 정부 시책에 대해서 이러한 비판이 없지는 않았다. 그렇지만 당시 우리는 보신탕 독립선언을 할 만큼 충분한 문화적 자신감과 자존심을 가지고 있지 않았다. 그러한 자신감은 88 올림픽 이후에 생겨났다. 88 올림픽의 성공적인 개최가 민족적 자신감과 자부심의 선물을 안겨준 것이다. 자신감이란 무엇인가? 그것은 자기가 옳다는 느낌이자, 타자의 시선이 아니라 자기의 시선으로 자기를 바라보는 태도다. 88 올림픽 이후로 우리는 이제 유럽에게 기가 죽거나 주눅 들지 않아도 좋다는 자신감을 갖게 되었다. 유럽인이 보신탕을 혐오하더라도 그것에 개의치 않겠다는 맷집이 생긴 것이다. 이러한 인식의 전환과 더불어서 1980년대에 유럽에 의해 혐오화되었던 보신탕을 탈혐오화할 수 있는 분위기가 고개를 들기 시작하였다.

보신탕의 탈혐오화 과정에서 빼놓을 수 없는 것이 브리지트 바르도다. 브리지트 바르도가 누구인가? 1950년대와 1960년대를 풍미한 섹스 심벌이다. 1973년에 은막에서 은퇴한 그녀는 자신의 명성과 인기의 후광을 발하면서 동물 보호 운동에 앞장서기 시작하였다. 그것까지는 좋았다. 그런데 1980년 이후로 그녀는 우리의 개고기 문화를 맹렬하게 공격하기 시작하였다. 그러더니 급기야 1994년 3월 말에 김영삼 대통령에게 보신탕 판매를 금지하지 않으면 프랑스에서 한국산 상품 불매 운동을 벌이겠다고 협박하는 편지를 보냈다. "한국에서 식용으로 개를 거래하는 소름 끼치는 일이 일어나고 있는 것에 대해 경고한다"라면서.

브리지트 바르도의 편지는 한국인의 자존심의 벌집을 쑤셔놓았다. 그러면서 보신탕은 단순히 개고기 음식이 아니라 국민적 자존심의 상징이 되었다. 〈한겨레〉의 기사의 한 대목이다. "한낱 외국의 여배우가 그것도 대통령에게 한국 상품"을 불매하겠다고 협박하는 "방자한 작태를 보인 것을 단순히 소갈머리 없는 언동으로 치부해버리기에는 국민감정이 용납하지 않는다."* 여기에서 우리는 '국민감정'이라는 표현에 주목해야 한다. 급기야 1998년에 김홍신 의원은 그녀에게 보내는 공개서한에서 "개고기 식용을 비난하는 것은 문화적 상대주의도 모르는 무식쟁이"라고 비난하였다.

혐오 범죄의 연대기

이제 시선을 식품에서 범죄로 돌려보기로 하자. 혐오 식품이라는 용어만큼 자주 사용되는 용어의 하나가 혐오 범죄다. 언제 혐오 범죄라는 용어가 태어났을까?

혐오는 부패한 음식이나 독극물과 같은 물질에 대한 본능적인 반응이다. 그러나 혐오의 대상은 그러한 이물질에만 제한되는 것은 아니다. 우리 몸이 독에 오염될 수 있듯이 사회도 범죄에 오염되고 그것이 심해지면 사회 해체의 위기에 처할 수 있다. 사회도 하나의 거대한 몸이다. 폭동이나 반란과 같은 사태를 해결하지 못하면 사회의 기관이 망가지고 고통을 앓다가, 나중에는 거친 숨을 내쉬며 숨을 거둘 수 있다. 살인이나 사기, 무고죄, 부정부패와 같

*   기사 「외국배우 보신탕 항의 식생활 문화 간섭 '방자'」-〈한겨레〉 1994년 4월 17일 게재.

은 범죄들이 축적되다 보면 사회는 그것을 해독할 수 있는 자정 기능을 상실하게 된다. 이 점에서 사회의 죽음을 야기할 수 있는 범죄를 혐오 범죄라고 한다.

혐오 범죄는 사회의 건강을 해칠 수 있는 범죄를 말한다. 그렇지만 어떤 범죄가 그러한 유형에 속하는 것인지를 판단하기는 쉽지 않다. 부친 살해처럼 인륜을 저버리는 범죄가 치명적인 것일까? 대마초나 마약 판매일까? 폭력이나 공갈 협박, 사기, 뇌물 수수일까? 아니면 강간과 같은 성범죄일까? 사회적으로 가장 혐오스런 범죄가 무엇인지에 대해서 사람마다 견해가 다르다. 그럼에도 우리는 '혐오할 부패'나 '혐오스런 부정 청탁'과 같은 문구가 신문에 등장하면 수긍을 하는 편이다.

현재 관용적으로 사용되는 의미에서 '혐오 범죄'라는 용어가 등장한 것은 1990년대 이후이다. 물론 그 이전에도 혐오스러운 범죄라는 표현은 있었다. 그렇지만 하나의 개념으로서 혐오 범죄의 시발점은 1990년대다. 혐오 범죄란 무엇인가? 그것은 누군가가 다른 사람을 특정 집단의 구성원이라는 이유로 '혐오, 증오, 편견 내지 차별 성향으로부터 발현하는 범죄'이다.* 혐오 범죄가 개인에 대한 범

---

* 이정념, 「혐오 범죄의 개념과 그 속성, 입법적 고려사항-독일의 최근 입법논의를 중심으로」, 《경찰법연구》 제13권, 제1호, 한국경찰법학회, 2015.

죄가 아니라 집단을 향한 범죄라는 사실은 아무리 강조해도 지나치지 않는다. A가 B라는 여자를 혐오한 나머지 폭행까지 했다고 하자. 만약 그 여자 개인이 싫어서 행해진 폭행이라면 이것은 혐오 범죄라고 할 수 없다. 여자이기 때문에, 즉 여자라는 집단의 일원이기 때문에 행해졌을 경우에만 혐오 범죄라는 용어가 적용되는 것이다. 마찬가지로 한 사람이 누군가를 증오해서 폭력을 행사한다고 해서 그것이 혐오 범죄가 되는 것은 아니다. 그 증오와 폭력이 집단적 규모로 확대되며 또 사회적 갈등을 야기할 소지가 있는 범죄가 혐오 범죄로 분류된다. 이 점에서 혐오 범죄는 민족이나 인종, 피부색, 종교, 성적 취향 등과 같은 요소와 밀접한 관계를 가지고 있다. 그리고 바로 그러한 이유로 인해서 요원의 불길처럼 대규모로 빠르게 확산될 수 있다. "발생 빈도가 잦고 다른 범죄보다도 특별히 잔인하며 더 많은 해를 끼"치는 것이다.*

  혐오 식품과 마찬가지로 혐오 범죄도 1980년에 발명되었다. 서울 올림픽 유치가 결정되기 직전, 정치적 쓰나미가 대한민국을 강타했다. 10·26사태, 곧 장기 독재하던 박정희가 궁정동 안가에서 김재규의 총탄에 맞아 쓰러

---

* 김수원, 「사회적 차별, 혐오 범죄 그리고 인권」, 《圓光法學》 제25권 제3호, 원광대학교 법학연구소, 2009.

진 것이다. 그리고 12·12 쿠데타가 발생했다. 전두환과 노태우를 수장으로 하는 군부 내 사조직 하나회가 군사 반란 사건을 일으킨 것이다. 당시 군사독재를 끝내고 민주사회를 열망하던 국민이 좌시할 리 없었다. 5·18 광주 민주화 항쟁은 전두환의 군사독재에 저항하는 전 국민의 함성이었다. 그러나 전두환은 비상계엄을 발령하고 광주의 시민과 학생들을 잔인하게 총칼로 제압하였다. 국민을 지켜야 할 군인이 국민을 향해서 총부리를 겨눈 것이다. 그것으로도 모자라 도망하는 시위대를 끝까지 쫓아가 파김치가 되도록 몽둥이로 두드려 팼다. 참으로 무자비하고 잔인하며 끔찍한 국가 폭력이었다. 전두환 정권은 자신의 폭력을 무마하고 은폐하기 위해 혐오 범죄라는 것을 만들었다. 나쁜 것은 국가 폭력이 아니라 혐오 범죄라는 것이다. 혐오 범죄의 척결이라는 명목으로 국가 폭력이 정당화되었다.

일본은 1923년에 발생한 관동대지진으로 인한 사회적 불안을 조선인 혐오를 통해 무마하려 했던 적이 있다. 조선인이 방화와 폭동을 일으켰다는 유언비어를 날조하고 유포함으로써 일본 정부는 자신을 향한 불만을 죄 없는 조선인에게 뒤집어씌우려 했다. 1980년에 민주화를 향한 시민의 염원을 총칼로 진압했던 전두환 군부도 자신의 권력을 유지하기 위해서 혐오 범죄를 만들어냈다. 일본에게 조선이라는 만만한 타자가 있었듯이 전두환 군부에게도 책임을 전가할 만만한 타자, 소수자 집단이 있었다. 사회적 혼란과 불만의 원인은 국가 폭력이 아니라 사적인 폭력, 즉 사익을 추구하는 범죄 집단이라는 것이다. 5·18 광주 민주화 항쟁을 무력으로 진압한 군부는 부랴부랴 5월 31일에 국가 보위 비상 대책 위원회를 설치하였다. 이 명색이 그럴듯한 위원회의 실상은 '사회악'을 조작하는 위원회였다. 군부의 피 묻은 손을 씻어줄 사회악의 집단을 새로운 혐오의 대상으로 지목해야 했던 것이다. 이러한 사회악을 일소함으로써 사회를 정화해야 한다는 것이 군부의 대의명분이었다. 제우스의 머리에서 아테네가 튀어나왔듯이 군부의 머리에서 삼청 교육대가 탄생하였다.*

독은 독으로 치유한다는 말이 있다. 아킬레스의 창에 찔린 사람은 바로 그 창으로 창상을 치료해야 했다. 군부는 군의 집단적 폭력을 지워내기 위해서 불량배의 집단적 폭력을 이용하였다. 삼청 계획 5호로 '불량배 소탕 작전'을 수립하고 즉시 삼청 교육대를 신설했다. '삼청'이라는 용

---

* 1961년 5·16쿠데타로 권력을 장악한 박정희는 정치 깡패를 제거한다는 명분과 함께 1만 5800명의 폭력배를 검거하였고, 이들 폭력배를 '국토 건설단'이라는 이름으로 전국의 국토 건설 사업에 강제 동원하였다. 공공질서와 사회를 파괴하는 불량배를 제거함으로써 일반 국민들의 환심을 사고 이들을 근로 생산 현장에 투입함으로써 대중적 관심을 돌렸던 것이다. 이는 전형적인 대중 조작 수법이었다. 그 효과는 컸다.

어 자체가 이미 의미심장하다. 삼청의 한자는 '三淸'이다. 사회를 혐오스럽게 만든 사회악을 제거함으로써 사회를 정화하겠다는 것이다. 사회 정화 위원회가 그러한 정화 작업을 위임받았다.*

군부는 사회악의 주범인 불량배를 어떻게 찾아냈을까? 80만 명의 군·경이 투입된 '삼청 작전'은 4000만 국민 가운데 어떻게 불량배를 솎아낼 수 있었을까? 불량배는 '국가의 안전 보장과 사회 안정을 저해하고, 국민의 혐오와 원성의 대상인 고질적이고 만성적인 조직·상습 폭력·치기배, 기타 퇴폐적인 행위자, 그리고 재범의 우려가 있는 자'로 정의되었다. 그리고 '개전의 정이 없이 주민의 지탄을 받는 자, 불건전한 생활 영위자 중 현행범과 재범 우려자, 사회 풍토 문란 사범, 사회 질서 저해 사범' 등이 여기에 추가되었다. 1980년 8월 1일부터 1981년 1월 25일까지 이루어진 대규모 검거 작전의 결과로 총 6만 755명이 체포되었다. 그 가운데 약 4만 명이, 한국판 아우슈비츠라 불리는 삼청 교육대 수용소에 강제로 입소되어 지옥 같은 6개월의 시간을 보내야 했다.

강제 입소된 불량배 가운데 얼마나 많은 사람이 "국

---

* 삼청계획 1호는 권력형 부정 축재자 척결, 2호는 정치 비리자 척결, 3호는 고위 공무원 숙정, 4호는 3급 이하 공무원 숙정, 5호가 바로 삼청 교육대로 알려진 불량배 소탕 작업이다.

민의 혐오와 원성의 대상"이었을까? 몸에 문신이 있다는 이유로 끌려온 청년도 있었다.[*] 그의 신분을 확인해보지도 않았다. 이미 문신은 "사회에 해악을 끼치는 질 나쁜 사람들의 표시"이자 "혐오와 불쾌의 대상"이라고 규정되었기 때문이었다. 외상으로 술을 마시고 돈을 지불하지 않았다는 이유로 끌려온 청년도 있었다. 정부에 비판적인 지식인과 신문기자, 노조원, 대학생, 심지어는 집 밖에서 배회하다가 영문도 모르고 끌려온 여자와 고등학생도 있었다. 이들이 사회악의 주범이었던가? 당시의 험악한 분위기에서 그러한 질문을 묻는 것은 금기시되었다. 그런 질문 자체가 자신이 사회악이라는 것을 자백하는 것이나 마찬가지로 간주되었기 때문이었다.

삼청 교육은 교육이 아니라 구타와 가혹 행위, 야만적 폭력의 연속이었다. 입소자도 교육의 대상자로서 수련생이 아니라 감호생監護生으로 불렸다. 2010년에 방영된 드라마 〈자이언트〉에 삼청 교육대의 살벌한 현장을 보여주는 장면이 있었다. 권력에 걸림돌이 된다는 이유로 삼청 교육대로 끌려온 주인공은 방망이와 주먹, 발길질이 난무하는 폭력의 먹잇감이었다. 권력에 의해 정당화된 국가 폭

---

[*]   계엄 정권이 자체 분류한 통계에서 전과자 비율은 64.1퍼센트, 전과가 없는 사람이 35.9퍼센트다.(민사군정감실계엄사편찬위원회 편저, 《계엄사》) 이른바 전과자들이 주된 대상이었다.

력은 감호생인 조폭이나 불량배처럼 음지에 숨어들거나 어둠 속에 몸을 사리지 않는다. 교관들이 감호생들에게 협박조로 한 말이다. "이 박달 봉은 전두환 대통령께서 우리에게 하사하신 봉이다. 이 봉으로 너희들을 때려서 일이 년 안에 골병들어서 죽게 하라 했다."

권력이 사회악으로서 혐오의 대상을 만들어냈다는 사실은 아무리 강조해도 지나치지 않는다. 혐오의 정치는 권력 내부의 폭력을 외부의 대상으로 투사하는 권력의 기제다. 물론 권력이 폭력에만 의존하는 것은 아니다. 대중매체를 통해 헤게모니를 장악하려는 시도도 동시에 이루어진다. 언론이 각목과 발길질의 폭력을 펜으로 정당화해주는 것이다. 되돌아보면 당시의 대중매체는 혐오의 대상을 대량으로 생산하고 유포하며 소비하도록 만드는 역할을 훌륭히 수행하였다.

언론은 사회악을 생산하기 위해 세 단계 전략을 활용하였다. 먼저, 존재하지 않았던 혐오의 대상(불량배)을 생산한다. 그리고 그러한 허구적 대상을 정화하기 위한 교육(폭력)의 필요성을 역설한다. 마지막으로 그러한 교육의 효과로서 사회가 순화되었음을 증명한다. 당시 〈조선일보〉 1980년 8월 13일자 기사 「땀을 배우는 인간 교육장」을 보자. 부제가 「불량배 천여 명 군 부대서 4주간 정신 순화 작업, 머리 깎고 금연·금주, "검은 과거를 씻는다"」이다. 제목 자체가 이미 많은 것을 말해준다. '검은 과거'는 의도적으로 '땀'과 대비적으로 배치되어 있다. 한편에는 땀의 의미를 터득한 정상인들이 있다면, 다른 한편에는 땀을 모르기 때문에 검은 과거의 비정상인들이 있다. 스스로 땀을 흘리지 않으면서 남이 흘린 땀을 축내는, "매일같이 무위도식하고 남의 등이나 치며 살아왔던" 불량배들이다. 이러한 설명을 읽는 독자들은 자신이 가난하고 불행했던 이유가 이들 불량배에 있었다는 사실을 발견하게 된다. 군부의 폭력이 아니라 불량배들이 원인이었던 것이다. 혹시라도 이 점을 읽어내지 못할 독자를 설득하기 위해 신문 기사는 과거에 실재했던 가공할 '악'의 존재를 역설적으로 부각한다. "대부분 20세 전의 앳된 얼굴들, 그 얼굴에서 과거의 악은 어느 틈에도 찾아볼 수 없었다. (……) 모자에 계급장 대신 이름표를 붙인 것만 아니라면 일반 사병과 쉽게 혼동할 수 있을 정도였다." "최소한 그들의 진지한 표정에서 악惡을 읽을 수는 없었다." 이와 같은 표현이 의도하는 것이 무엇인가? 과거에 그들의 얼굴에는 크게 대문자로 '악'—괄호 안에 한자를 병기했다—이 각인되어 있었다는 것, 그래서 일반인들과는 눈에 띄게 다른 혐오스런 존재였다는 것이다. 이와 같이 과거 악의 존재를 강조한 다음에 기사는 교육의 눈부신 효과로 시선을 돌린다. 여기에서 교육 이전과 이후의 극적 대비를 위해 수사학적 전략을 활용한

영화 〈위대한 독재자〉(1940) 중에서

영화보다 더 잔학했던 혐오의 실상

제2차 세계대전에서 독일이 패배하기 전까지 강제 수용소의 존재는 물론이고 홀로코스트의 실상은 외부에 철저히 비밀로 부쳐져 있던 상태였다. 1940년에 나치를 풍자한 영화 〈위대한 독재자〉를 내놓은 찰리 채플린 역시 유럽 전역에서 유태인에 대한 나치의 탄압이 더욱 거세지고 있다는 소식만 전해 듣고 강제 수용소를 상상한 것뿐이었다. 아우슈비츠와 같은 유태인 학살의 실태가 밝혀지고 난 이후 찰리 채플린은 실상을 알았더라면 영화를 제작하지 못했을 것이라고 술회했다.

다. 과거에는 무위도식하며 남의 등이나 치던 불량배들이 이제는 "국가와 사회가 필요로 하는 사람이 되었"으며, 과거에 눈물이 메말랐던 이들이 국가가 그들에게 베푸는 "사랑을 뒤늦게 깨우친 감격"에서 "연병장은 눈물바다가 되었다"라는 것이다. 이 기사는, 삼청 교육대를 출소하는 감호생들이 자발적으로 "76만 원 방위 성금을" 냈다는 사실로 백미를 장식하였다.

지금까지 살펴본 혐오 식품과 혐오 범죄의 역사는 혐오의 정치적 메커니즘을 잘 보여준다. 만사 태평하고 평화로운 시절에는 혐오가 기승을 부리지 않는다. 《자살론》에서 프랑스의 사회학자 에밀 뒤르켐은 자살의 원인으로 사회적 압력을 언급하였다. 불안이나 고통, 가난, 스트레스 등은 사회적 압력이다. 문제는 사회가 그러한 압력을 무제한으로 견딜 능력이 없다는 점에 있다. 압력이 증가하면 사회의 가장 취약한 어느 지점에서 폭발이 시작된다. 사회적 압력이 소수의 약자를 자살의 벼랑 끝으로 내모는 것이다. 주전자에 증기 배출구로 작은 구멍을 뚫어놓지 않으면 주전자 전체가 폭발해버릴 위험에 처하게 된다. 사회의 몸통 전체가 망가지는 위험을 방지하기 위해서 자신의 일부를 희생시킨다는 것이다.

혐오 식품과 혐오 범죄는 소수의 희생(타자화)을 통한 다수의 자기 치유의 메커니즘이다. 혐오 식품과 혐오 범죄는 개인적이 아니라 집단적인 현상이다. '내'가 "혐오한다"는 단수가 아니라 '우리'가 "혐오한다"라는 복수다. 개인적 취향이 아니라 사회적 취향이다. 그러한 차이에도 불구하고 양자의 본질은 주체화와 타자화의 변증법에 있다는 점에서 동일하다. 내가 이상적인 자아가 되기 위해서 그렇지 못한 나를 타자화하는 형태가 자기혐오다. 자신을 정신과 동일시하는 데 방해가 되는 육체를 혐오하는 것이다. 육체를 혐오하면 혐오할수록 더욱 자신이 정신적인 존재로 승화된다는 확신이 전제되어 있다. 이때 내가 혐오하는 육체는 나의 것이 아니라 외부 타자의 것이라는 방향으로 타자화될 수도 있다. 원래는 나는 성욕이 없는 순수한 존재였는데 사악한 여성의 유혹으로 인해서 성적으로 타락하게 되었다며 자신의 과오를 변명하고 자기 합리화를 꾀하는 것이다.

이러한 논리가 나 개인이 아니라 남성과 여성이라는 집단적 차원으로 확대된 것이 고전적인 형태의 여성 혐오다. 남성이 이성적이며 자기 절제를 잘한다면 여성은 지나치게 감성적이고 관능적이며 탐닉적이라는 것이다. 혐오 범죄의 논리도 이러한 여성 혐오와 마찬가지로 기능한다. '우리'는 법이 없이도 잘 살 수 있을 정도로 선량하고 근면한 시민들이다. 만약 그러한 '우리'가 만족스러운 삶을 살고 있다면 굳이 혐오의 기제를 통해서 자신을 위로하고 위안하며 변명할 필요가 없다. 문제는 우리가 만족하지 못하고 있다는 사실에 있다. 그러한 불행과 불만족의 원인이 자기 자신일 수는 없지 않은가. 이미 우리는 선량하고 근면한 모범 시민이라고 말하지 않았던가. 그렇다면 우리가 아닌 다른 사람들, 우리 외부 혹은 우리 내부의 타자들이 그러한 불행의 원인 제공자여야 한다. 전두환 군부는 그것을 '사회악'이라고 명명하였다. 폭력배와 불량배, 노조원과 좌익 지식인이 우리를 불행하게 만드는 사회악이라는 것이다.

혐오 범죄가 우리 안의 타자와 관계가 있다면 혐오 식품은 우리 외부의 타자와 관련되어 있다. 외부의 타자가 없으면 혐오 식품도 존재하지 않는다. 물론 타자와 무관하게 개인적으로 혐오하는 식품이 있을 수는 있다. 자기의 입맛에 맞지 않는 것은 물론이고 알레르기까지 유발하는 식품이라면 혐오의 대상이 된다. 그것은 자신의 건강을 해치는 것이다. 그렇지만 혐오 식품이 우리의 건강에 해가 되는 것은 아니다. 해가 된다면 그것은 우리의 문화적 정체성, 우리가 생각하는 이상적 이미지다. 이 점에서 혐오 식품은 자기혐오와 유사한 성격을 갖는다. 타자의 눈에 야만적 식습관으로 보일 수 있다는 이유로 우리가 지금까지 즐겨 먹던 개장국을 새삼 혐오의 시선으로 바라보는 것이다.

혐오 식품과 혐오 범죄의 역사는 혐오가 작동하는 정치적 과정을 증언해준다. 양자는 1980년대의 격동기가 생산한 감정에서 비롯되었다. 5·18 광주 민주화 항쟁의 후유증을 무마하는 과정에서 혐오 범죄(사회악)가 제조되었다면 88올림픽을 준비하는 과정에서 혐오 식품이 탄생하였다. 1980년대에 생산되었던 이 두 가지 혐오의 유형은 1990년이 과거의 역할을 다하고 폐기되었다. 유럽인 타자의 시선이 두려워서 사대문 밖으로 쫓아냈던 혐오 식품은, 우리의 경제력이 유럽과 경쟁해도 좋을 정도로 발전하면서 얻어진 자신감 덕분에 다시 사대문 안으로 입성하였다. 전두환 정권이 자신의 폭력을 은폐하기 위해 악용하였던 사회악이라는 혐오 범죄도 1987년에 이루어진 형식적 민주화의 덕분에 더 이상 가동할 필요가 없게 되었다. 정치화되었던 혐오의 탈정치화가 시작된 것이다. 혐오의 탈정치화는 집단적 현상으로서 혐오의 종언을 의미한다. 물론 개인적 혐오의 감정은 사라지지 않았다. 사라진 것은 혐오의 이데올로기적 이용이었다. 적어도 2010년대에 여성 혐오의 이름으로 다시 고개를 들게 되기 전까지, 그렇게 잠자게 되었다.

예술과 대중매체의 혐오 만들기

혐오는 "내가 누구인가?"라는 정체성의 질문과 직결되어 있다. 그것이 개인적 정체성일 수도 있고 한국인과 같은 집단적 정체성일 수도, 남성과 같은 성적 집단의 정체성일 수도 있다. 대체적으로 프랑스인은 영국인을 좋아하지 않는다. 세상에서 가장 영국인을 싫어하는 사람이 누구인가? 이러한 질문에 대해서 우리는 프랑스 사람이라고 대답할 수가 있다. 일본인을 혐오하는 사람이 누구인가, 라는 질문에 대해서도 마찬가지다. 일본과 한국의 관계를 조금이라도 알고 있는 외국인이라면 한국인이라고 쉽게 대답할 수가 있다. 여기에서 우리는 정체성 논리의 기묘한 성격과 직면하게 된다. 중국인도 자기가 일본인을 미워한다고 말하면 한국인으로 간주되기 쉽다. 칼 슈미트는 친구와 적을 구분해주는 것이 정치라고 주장하지 않았던가.

이렇게 해서 형성되는 정체성은 지극히 반동적re-active이다. 한국인이라서 일본을 미워하는 것이 아니다. 일본을 미워함으로써 한국인이 되는 것이다. 자기와 다른 타자를 미워하고 싫어하는 감정에 의해서 자신의 정체성이 긍정적으로 다져지는 것이다. 이러한 이유로 악을 혐오하면 혐오할수록 자기는 선한 사람이라는 착각에 빠질 수가 있다. 작가나 예술가들의 이러한 혐오의 역설이 등장한다. 죄악에 대한 혐오감은 단테의 《신곡》의 주요 모티프다. 그는 자기가 개인적으로 가장 혐오하는 악덕이 배신이라고 큰소리로 주장할 필요가 없었다. 시저를 배반한 브루투스를 최하층의 지옥에 배치하는 것으로 충분했던 것이다.

원래 정치적인 야망이 컸던 단테는 교황의 구엘프당 편에서 황제의 기린벨당과 싸워서 승리하였다. 그에게 출세의 길이 보장되는 듯이 보였다. 그런데 뜻하지 않게 바로 그 구엘프당이 백파와 흑파로 분열되면서 반역자로 몰리고 사형까지 언도받게 된 것이다. 비록 피렌체에서 추방되는 것으로 감형되었지만 그것으로 그의 정치적 날개가 영원히 꺾이고 말았다. 만약 구엘프당이 흑파와 백파로 분열되지 않았더라면 그는 성공의 탄탄대로를 달렸을 수도 있었다. 그러니 자신이 속했던 구엘프당의 배신과 분열이 천추의 한이 되었다고 말해도 과언이 아닐 것이다. 우군은 우군이고 적군은 적군이어야 함에도 불구하고 우군이 적군으로 돌변한 이 어처구니없는 현실을 그는 끔찍하게 증오하였다. 그러한 증오가 루시퍼로 하여금 브루투스의 몸을 찢고 씹어대는 고통을 가하도록 만들었다. 친구를 배신한 브루투스가 구엘프당이나 마찬가지였던 것이다.

찰스 디킨스도 자신이 싫어하는 유형의 인물을 유난히 혐오스럽게 묘사하였다. 《오래된 골동품 상점》에 등장하는 파렴치하고 뻔뻔스런 악당 퀼프에 대한 그의 묘사가 한 예다.

사내는 난쟁이처럼 작은 키에 머리와 얼굴은 거인처럼 컸고, 음흉해 보이는 까만 눈동자는 교활하게 반짝이는 데다, 거칠고 굵은 수염은 손질을 하지 않아서 입과 턱 주변을 덥수룩하게 덮고 있었다. 안색도 그다지 좋아 보이지 않았다. 무엇보다 기괴했던 것은 오싹할 정도로 기분 나쁜 그의 미소였다. (……) 웃을 때마다 입 밖으로 드러나는 흉측한 송곳니는 침을 흘리며 헐떡거리는 개를 연상케 했다. (……) 거대한 머리와 작은 몸짓을 가진 그가 두 손을 천천히 돌리며 연거푸 비벼대는 모습은 정말 끔찍했고, 털이 덥수룩한 이마를 젖히고 턱을 치켜들며 환희에 찬 표정으로 힐끗 쳐다보는 모습은 실로 악마라도 흉내 내고 싶어 할 정도였다.

왜 디킨스가 퀼프라는 인물을 이렇듯이 추악하게 묘사했을까? 작가는 그와 같은 묘사에서 가학적인 쾌감을 느끼고 있는 듯이 보인다. 퀼프는 그가 혐오하는 모든 악덕의 백과사전이다. 셰익스피어의 《베니스의 상인》의 샤일록처럼 고리대금업자다. 《황폐한 집》의 스몰위드를 비롯해서 찰스 디킨스의 작품에 등장하는 고리대금업자들은 돈을 위해서라면 수단과 방법을 가리지 않는 악당들이다. 돈을 위해 권력에게는 굽신거리지만 약자에겐 동전 한 닢까지 남지 않도록 털어내어 거덜내버린다. 그것만이 아니다. 그는 희생자가 가난과 고통에서 신음하며 고통스러워하는 모습을 기뻐하며 즐긴다. 그러한 쾌락을 위해 없는 죄도 만들어낸다. 주인공 키트에게 억울한 누명을 씌워서 감옥에 처넣을 궁리를 하는 것이다. 고리대금업이란 무엇인가. 필요한 사람에게 돈을 대여해주고 막대한 이윤을 챙기는 장사다. 사람의 노동이 아니라 돈이 돈을 버는 것이다. 디킨스는 이와 같이 인간이 배제된 돈의 순환을 혐오하였다. 그의 작품을 읽다 보면 세상에서 고리대금업자만 사라지면 빈부의 차이를 비롯해서 온갖 범죄와 폭력, 사기 등도 일소될 것처럼 느껴진다.* 그는 자본주의가 인간의 모든 미덕을 파괴한다고 보았다.

디킨스가 유난히 돈을 혐오했던 이유가 무엇일까? 개인적인 혐오로 그쳤다면 굳이 논할 이유도 없을 것이다. 그에게 혐오는 작품의 구성 원리이자 플롯을 전개하는 방식의 하나였다. 사회를 소설 형식에 담아서 독자에게 보여주는 작가로서 그는 사회적 부정과 불평등의 문제에 관심을 가질 수밖에 없었으며, 또 어떤 식으로든지 그것을 설

---

* 마찬가지로 《어려운 시절》에서도 디킨스는 당시 사회의 모든 불행과 인간소외, 빈부 격차 등의 원인을 산업혁명과 공리주의에 돌렸다. 산업혁명과 공리주의가 없었더라면 영국은 매우 행복했을 것이라는 식으로 생각하는 것이다. 무엇보다도 그는 따뜻한 마음을 가장 중요한 미덕으로 간주한다. 그리고 그러한 미덕과 정반대되는 인물로, 창백하고 차가운 이성의 공리주의자인 토머스 그래드그라인드를 제시하고, 그를 움직이는 로봇처럼 희화적으로 묘사하였다. 학교 이사장인 그는 학생도 이름 대신에 출석부 번호로 부른다.

명해야 하는 부담감을 가지고 있었다. 악의 근원으로 추적해 들어가 뿌리를 들어내면 사회가 훨씬 좋아질 것이라는 전망도 제시해야 했다. 그는 가난하고 불우한 어린 시절을 보냈다. 사업에 파산한 아비지가 감옥에 투옥되기도 했다. 자신의 불행과 가난의 원인이 자본주의에 있다고 생각하게 되었던 것도 무리가 아니었다. 그렇지만 그가 마르크스처럼 하나의 사회경제적 체계로서의 자본주의의 전모를 파악하는 것은 불가능하였다. 왜 선량한 사람들이 가난에 허덕이고, 또 아무리 피나는 노력을 해도 가난에서 벗어나지 못하는 것일까? 설상가상으로 왜 그들이 더욱 가난해지고 비참해지는 것일까? 이러한 질문에 그는 대답할 수 없었다. 그럼에도 설명해야 한다는 작가적 중압감을 내려놓을 수 없었다. 이러한 곤경에 있던 그의 시야에 들어온 것이 고리대금업자였다. 그러면서 고리대금업자는 모든 사회적 악의 원인이 되었다. 그들이 체화된 자본주의이기 때문이었다. 중세의 마녀에 해당하는 것이 디킨스에게는 고리대금업자였다.

한편 미국 미식축구 스타로 유명세를 타다가 나중에 부인을 살해해 악명을 떨친 인물 O. J. 심슨이 있다. 그의 생애만큼 천당과 지옥의 극단을 극적으로 오간 인물도 많지 않을 것이다. 그는 일찍이 미식축구의 전설적인 영웅이자 배우로서도 명성을 떨쳤다. 그렇지만 1994년에 행운의 여신은 그의 곁을 떠났다. 그해 6월 O. J. 심슨의 로스엔 젤레스 고급 저택에서 그의 전 부인이었던 백인 여배우 니콜 브라운과 그녀의 애인 론 골드먼이 피투성이 시체로 발견된 것이다. 당연히 심슨이 이 살해 사건의 유력한 용의자로 경찰에 수배됐고, 경찰의 추적을 피해 도주하던 그는 체포되어 법정에 서게 되었다. 전설적 영웅이 순식간에 살인마로 추락한 것이다. 긴 법정 싸움에서 그는 전 재산을 변호사 비용으로 날리고 무일푼의 신세로 무죄 방면되었지만, 그에게 살인마의 딱지는 여전히 붙어 있다. 이때 심슨에 대해 보도하는 언론의 태도 변화는 인상적이었다.

부인 살해 혐의로 체포된 6월 12일 이후로 그는 영웅에서 추악한 살인마로 추락하였다. 이때 이 사건을 취재하고 보도하는 기자는 디킨스와 마찬가지로 악을 설명해야 하는 부담을 짊어지게 된다. 영웅의 모습에서 그때까지 보이지 않았던 악의 징후를 찾아내 보여줘야 하는 것이다. 이것은 쉬운 작업이 아니다. 지킬 박사와 하이드처럼 불과 몇 시간의 간격으로 전자가 후자가 될 리는 없지 않은가. 6월 11일의 심슨과 6월 13일의 심슨은 여전히 동일한 인물이다. 하루 전에 훌륭한 모습이었다면 불과 하루 후에도 그런 훌륭한 모습이 바뀌었을 리가 없다. 그럼에도 신문과 잡지의 1면과 표지를 장식할 심슨의 사진에서는 혐오스런 살인마의 모습이 보여야 했다. 그렇지 않다면 그렇게 보이도록 조작하기라도 해야 한다. 이러한 필요성에서 나온 결과가 당시 〈타임〉지의 표지 사진이다.

사건 발생 6개월 전, 친구 도널드 트럼프의 결혼식에서 카메라에 포착된 O. J. 심슨의 모습은 얼굴에 웃음을 지으면서 편안하고 느긋한, 그러면서도 자신만만한 표정이었다. 세상을 호령하고 지배하는 자의 모습이었다. 그렇지만 사건 이후 〈타임〉지의 표지에 실린 심슨은, 다만 피의자의 신분임에도 불구하고 이미 의심의 여지 없는 범죄자의 얼굴을 하고 있다. 〈타임〉지는 심슨의 머그샷*을 표지 이미지로 사용했는데, 머그샷 속 심슨의 얼굴은 세상을 지배하는 자가 아니라 지배당하면서 왜소해진 자의 표정을 띠고 긴장감에 석고처럼 굳어 있다. 더구나 〈타임〉지는 그가 사악하게 보이도록 하기 위해서 얼굴을 어둡게 처리하였다. 이 사진을 보는 독자가 혐오감을 느끼도록 만들어야 했던 것이다.

디킨스의 인물 묘사와 심슨의 얼굴 사진과 관련해서 우리는 이런 질문을 할 수 있다. 악당은 반드시 악당처럼 보여야 하는 것일까? 양의 탈을 쓴 늑대라는 말도 있다. 그렇지만 그것은 극소수의 예에 지나지 않는다. 대중매체와 예술의 세계에서는 악인은 악인처럼 보이도록 재현이

---

* 수감자 식별용 얼굴 사진.

된다. 이에 대해, 영국의 계관시인이었던 알렉산더 포크가 했던 유명한 말이 있다. "악은 너무나 외모가 끔찍한 괴물이라서/ 보기만 해도 반드시 증오하도록 만들어줘야 한다 Vice is a monster of so frightful mien/ As, to be hated, needs but to be seen." 이러한 그의 주장을 동화의 세계만큼 잘 보여주는 것은 없다. 착한 사람은 언제 어디서든지 아름답지만 악한 사람은 예외 없이 추하다. 디킨스의 작품도 대부분 그렇다. 그래서 독자들은 아름답게 묘사된 인물은 당연히 선한 주인공일 것이라고 생각하고서 작품을 읽기 시작한다. 만약에 이와 반대라면? 그러면 십중팔구 독자들은 첫 장부터 혼란스러워서 읽고 싶은 마음이 생기지 않을 것이다. 작가는 처음부터 독자가 누가 주인공이고 누가 악당인지 쉽게 구별할 수 있도록 진자는 아름답게, 후자는 추하게 묘사한다. 〈타임〉지의 표지도 그러하지 않은가. 피의자의 신분으로서 심슨의 사진을 사건 발생 이전의 것으로 대체하면 독자는 어떤 반응을 보일 것인가. 독자는 악이 표면으로 나타나고 또 그것을 눈으로 볼 수 없으면 만족하지를 못한다. 나쁜 사람은 반드시 혐오스럽게 보여야 한다. 적어도 그렇다고 믿어야 한다. 그렇지 않으면 마음을 놓고 편하게 세상을 살아갈 수가 없기 때문이다. 마음 놓고 미워해도 좋은 사람이 누구인지 혼동하지 않도록 혐오스런 사람에게는 특별한 표식을 붙여놔야 하는 것이다.

민주주의 사회로 접어들면서 사라진 신분의 표식으로 '낙인(스티그마)'이라는 제도가 있었다. 낙인은 지울 수 없는 치명적인 불명예나 평판을 의미한다. 가령 황석영의 《어둠의 자식들》에서 주인공은 "전과자라는 낙인과 배운 기술이라고는 어렸을 때부터 배운 소매치기 기술밖에 없는 제가 무엇을 하겠습니까?"라고 묻는다. 전과자라는 낙인은 지울 수가 없다. 아무리 감추려고 해도 주민등록등본에 불길하게도 빨갛게 표기된 전과 사실이 여전히 남아 있기 때문이다. 그렇다고 전과자의 몸에 낙인이 찍히지는 않는다. 장발장이 그러했듯이 그러한 과거를 숨기고 사는 것이 가능하다. 이제 낙인은 본래의 구체성을 잃고서 추상적인 의미로 쓰이게 되었다. 그러나 전근대 사회에서는 범죄자의 얼굴이나 어깨, 등에 불로 달군 쇠로 낙인을 찍는 관행이 있었다. 범죄자가 아니었음에도 불구하고 유태인은 옷에 노랑 리본을 착용하지 않으면 벌금을 물어야 했던 시절도 있었다.

너새니얼 호손의 《주홍 글씨》의 주인공 헤스터 프린에게는 간통죄를 범한 부도덕한 여자라는 낙인이 찍힌다. 그래서 그녀는 바깥 출입을 할 때에는 간통adultery의 첫 글자 'A'가 새겨진 옷을 반드시 입고 다녀야 했다. 혹시라도 그러한 낙인이 없으면 그녀를 정숙한 여자로 착각할 수도 있기 때문이었다. 그것은 교화의 기능도 가지고 있었

영화 〈주홍 글씨〉(1926) 중에서

검은 바탕에 주홍 글씨 'A'

출산으로써 간통한 사실이 드러난 헤스터 프린은 본남편의 생사가 불분명한 탓에 간통에 대한 청교도 사회의 원래 처분인 사형 대신 세 시간 동안 처형대에 서 있을 것과 평생 가슴에 치욕의 징표, 알파벳 'A'를 달고 있을 것을 명령받는다. 낙인찍힘으로써 청교도 마을에서 이질적인 존재가 된 헤스터에게는, 다른 사람들 마음속에 숨어 있는 죄의식을 느낄 수 있는 '특별한 감각'이 생긴다.

다. 그녀를 보고 사람들은 간통을 혐오하고 무서워하며 혹시라도 느슨해진 성적 순결의 고삐를 단단히 쥐어야 했다. 이렇게 낙인은 국가가 나서서―이른바―정상적인 사람들에게 특정한 계층이나 반사회적 인물, 범죄자를 혐오하도록 부추겼다. 이를 위해서는 눈에 보이는 표식의 역할이 결정적이었다. 감추어진 은밀한 죄악도 몸의 표면으로 가시화되어야 했다.

　　우리는 북한의 김정은이 고모부이자 당시 권력 서열 2위였던 장성택을 처형했던 사실을 기억하고 있다. 이때 무엇보다 인상적이었던 것은 처형장으로 끌려가는 장성택의 '망가진' 모습이었다. 그는 혼자 힘으로 걷지 못하였다. 좌우에서 군인들의 부축을 받으면서 절뚝거리며 처형장으로 간신히 걸어갔다. 멀쩡한 몸을 하고 있으면 북한 주민들이 그를 멀쩡한 사람이라고 생각할 수 있지만 다리를 분질러서 불구가 된 모습을 보면 그가 정치적·도덕적으로도 불구라는 인상을 받기 쉽다. 김정은은 처형하기 이전에 처형의 명분을 만들기 위해서 그를 혐오스럽게 만들어놓았다. 〈타임〉지가 국민의 영웅이었던 심슨을 추악한 살인자의 모습으로 보여주기 위해서 사진에 명암을 조작하는 것으로 만족해야 했다면 북한은 아예 장성택의 몸을 파괴해버렸다.

　　혐오의 감정이 극단화되면 "저 놈 죽여라"로 행동화

된다. 남북전쟁에서 패배한 남부의 일부 과격한 백인 우월주의자들이 결성한 KKK가 단적인 예다. 이들 백인 우월주의자들은 흑인 혐오자들이었다. 자기네들이 우월해서 흑인을 혐오하는 것이 아니었다(우월했다면 남북전쟁에서 패하지 않았을 것이다). 흑인을 혐오함으로써 자신의 우월성을 증명하는 방식이었다. 흑黑을 제거함으로써 자기들의 백白을 증언해야 했다. 흑이 악마라면 백은 천사여야 했다. 그들이 머리에 흰 두건을 쓰고 몸에는 흰 가운을 걸친 백의白衣의 모습으로 출몰했던 것은 단순한 우연이 아니다. 흰 선의 이름으로 검은 악을 처단해야 했다. 악에 대한 관용이나 자비는 악과의 타협을 의미하는 것이었다. 선의 편에 있는 사람이라면 악을 더욱 더 혐오하고 증오해야 했다. 이렇게 혐오의 이념으로 철저하게 무장되어 있었기 때문에 그들은 흑인을 납치해서 처참하게 고문하고 잔인무도하게 죽였다. 그것으로도 악에 대한 증오가 풀리지 않아서 성기를 잘라 불에 태우기도 했다. 그것도 웃으면서. 또 악을 처단하는 자신의 선한 행동에 도취해서.

이와 같이 혐오의 논리는 '저 놈을 죽여야 내가 산다'로 발전한다. 그리고 죽여야 할 자의 몸에는, 눈만 있으면 천하의 모든 사람들이 보고 금방 알 수 있도록 선명하게 낙인이 찍힌다. 한편에는 전염병처럼 너무나 끔찍하고 혐오스러워서 죽어야 하는 사람들이 있다. 다른 한편에는 선량하고 순수한 사람들의 무리, 악에 감염되지 않기 위해서 그것과 싸워서 박멸해야 하는 사람들의 무리가 있다. 후자는 전자를 심판하고 단죄하고 처벌할 권리를 가지고 있다.

이러한 혐오의 논리에 도전하는 것은 쉽지 않다. 한국전쟁을 묘사한 문학작품에 자주 등장하는 장면의 하나가, 덩달아서 같이 욕하고 같이 침을 뱉는 사람들의 모습이다. 공산주의를 욕할 때 혼자 가만히 있으면 공산주의자로 몰리게 된다. 혐오하지 않으면 혐오를 당하는 것이다. 이러한 이유로 혐오의 악순환 고리를 끊는 것이 어려워진다. 하퍼 리의 《앵무새 죽이기》를 보라. 이 소설의 무대는 인종차별이 심했던 1930년대 초 남부의 소도시로, 제목에 들어간 '앵무새'라는 단어 자체가 이미 많은 것을 말해주고 있다. 앵무새는 스스로 미워하고 욕할 이유가 없으면서도 누가 욕하면 덩달아서 미워하고 욕을 하는 사람들을 상징한다. 흑인들이 선하다는 사실을 알고 있는 백인들도 분위기에 휩쓸려서 흑인을 미워하고 혐오하는 것이다. 주인공 변호사 애티커스는 그렇게 만연된 혐오의 악순환을 끊기 위해서 죽음까지도 무릅쓰지 않으면 안 되었다. 자기네들과 마찬가지로 흑인을 미워하지 않는 그를 마을 사람들은 "깜둥이 애인"이라고 부른다.

그런데 혐오에 맞서는 일이 죽음을 각오해야 할 정도로 위험한 것일까? 예를 들어 인종차별주의는 너무나 노골적인 편견에 근거해 있다. 조금만 생각해본다면 유치원의 어린아이도 그것이 옳지 않다는 것을 알 수 있지 않을까? 그러나 혐오의 감정은 옳고 그름을 따진다고 해서 쉽게 사라지지 않는다. 자신의 이해관계와 무관한 사안이라면 냉정하게 중립적으로 판단할 수 있을지 모른다. 그러나 앞서 말했듯이 혐오는 이해관계보다 더욱 강력한 동기, 즉 자기 정체성과 떼어놓고 생각할 수가 없다. 흑인 타자에 대한 혐오는 옳고 그름의 문제가 아니라 그러한 진위로 환원될 수 없는 정체성의 문제와 엮여 있다. 《앵무새 죽이기》의 배경인 미국 남부 앨라배마주의 주민들은 남북전쟁의 패배감과 1930년대에 몰아닥친 경제공황으로 인한 피해의식으로, 자신은 백인이지만 따지고 보면 흑인보다 못한 백인이라는 자기혐오감에 빠져 있다. 그러나 그러한 혐오감의 정체를 회피하지 않고 직시할 용기가 없었던 그들은 흑인 타자에게 자기혐오를 투사하게 되었다. 자기를 긍정하기 위해서 타자를 부정하지 않으면 안 되었던 것이다.

혐오와 정체성

혐오의 역설, 자기애로서의 자기혐오

철학의 역사는 철학자의 자기혐오와 끈끈하게 밀착되어 있다. 어떻게 자기를 혐오하지 않고서 철학을 할 수 있겠는가! 생각은 위대하다. 그렇지만 생각하는 자신의 몸은 동물처럼 비루하기 짝이 없다. 생각은 자유롭지만 몸은 시간과 공간에 얽매여 있다. 생각이 하늘이라면 몸은 땅이고 생각이 머리라면 몸에는 생식기와 항문이 있다. 몸에서 구린내가 나는 것이다. 어떻게 고상한 철학자들이 몸을 혐오하지 않을 수 있겠는가. 로렌스는 병들고 신음하며 추위에 떠는 몸을 경멸하였다. 몸이 자신의 기대에 미치지 못하였던 것이다. 사르트르는 몸이 푸석푸석하고 흐늘흐늘한 살이라는 사실에 혐오감을 느꼈다. 그렇지만 로렌스와 사르트르의 자기혐오가 자해적인 방향으로 발전했던 것은 아니었다. 그것은 정신적 도약판이었다. 자기혐오의 도약판을 딛고서 로렌스는 극심한 고통에도 꿈쩍하지 않는 스토아적 영웅이 되었으며 사르트르는 자유의 철학을 모색할 수 있었다.

엄밀한 의미에서 자기혐오는 자기혐오가 아니다. 나를 정신적으로 긍정하기 위해서 육체적인 자기를 타자화하고 혐오하는 것이다. 우월한 자신을 사랑하기 위해서 열등한 자신을 혐오하는 것이다. 이 점에서 혐오는 자기 향상을 위한 하나의 전략이다. 앞으로 도약하기 위해서 한

걸음 뒤로 물러서는 것이다. 어떻게 현재의 나를 거부하지 않고서 미래의 나를 기대할 수 있겠는가? 자기혐오는 자기애의 또 다른 표현이라고 할 수 있다. 아름다움과 혐오는 서로 떼어놓을 수 없는 관계에 있는 것이다. "어떻게 보면, 나에게 아름다움이나 자기혐오란 결국 같은 의미였는지 모른다." 이것은, 극심한 자기혐오로 오랜 동안 방황해야 했던 소설가 송기원이 자전적인 소설 《아름다운 얼굴》에서 자신을 두고 한 말이다.

주인공은 초등·중등학교의 졸업 앨범에서 자기 사진을 도려낼 만큼 자신을 혐오했던 남자다. 그가 처음부터 그러한 혐오감을 품고 살았던 것은 아니었다. 그의 어린 시절은 가난하기는 했지만 그런대로 행복하였다. 장돌뱅이 부모 밑에서 "잡초처럼" 자라면서 장터 특유의 낙천적이고 자유로운 분위기가 그의 몸에 배어들었던 것이다. "내가 갓난아이였을 때는 어머니의 등에 업혀서 해종일 어머니와 함께 장날을 보냈지만, 조금 커서 너댓 살이 되었을 때만 해도 이미 어머니의 등을 벗어나 다른 아이들과 함께 장돌뱅이가 되어 장터를 헤집고 다녔다." 주위의 모두가 장돌뱅이였다. 그가 그러한 장돌뱅이의 고향을 떠나서 도청 소재지에 있는 고등학교에 입학하면서 자기혐오가 시작되었다. 그때까지 생각하지 못했던 빈부의 차이, 문화적 격차를 처음으로 실감하게 되었다. 좋은 집안에서 태어나 좋은 옷을 입은 학우에 비하면 자신은 너무나 초라하고 볼품이 없었다. 학우들을 부러워하면 할수록 자기혐오는 병적으로 깊어졌고, 그것을 견디다 못한 그는 자퇴하고 만다. 이후로 그의 삶은 자기혐오의 연속이 되었다. 그는 "마치 욕지기처럼 치밀어 오르는 어떤 혐오감 없이는 단 한 번도 자신의 지나온 삶을 뒤돌아보지 못했다." 그와 같이 극심한 자기혐오에서 벗어나게 된 계기는 문학이었다. 문학을 통해서 그는 자기혐오가 아름다움의 또 다른 얼굴이라는 사실을 깨닫게 되었다. 자기 부정이 자기 긍정이었던 것이다.

누군가 처음으로 빠지는 자기혐오란 어쩌면 훗날 화려하게 피어날 아름다움이라는 꽃의 싹눈은 아닐까. 그리하여 그 싹눈에서 대지를 향해 뻗어가는 첫 뿌리는 아닐까. 이윽고 대지에 굳건히 뿌리를 내린 다음, 이번에는 푸른 하늘을 향해 키를 누여가는 줄기는 아닐까. 그리고 그 줄기에서 가지로 퍼져나와 온몸 가득히 문을 열어 탄소동화작용을 하고 있는 이파리는 아닐까. 그렇듯 오랜 낮과 밤을 보낸 끝에 이슬이 많이 내린 어느 날 아침 봉긋이 맺어보는 꽃봉오리는 아닐까. 훗날 그것이 악이나 독의 꽃이 될지 아직은 아무것도 헤아리지 못하면서.

송기원에게 아름다움은 추함과 떼어놓을 수 없다. 추함의 자각은 아름다움의 시작이다. 그렇지만 젊은 시절에 그는 자신이 자기혐오의 늪에서 빠져나올 수 없을 것이라고 생각했다. 혐오가 아름다움의 결실을 맺을지 아니면 독이 될지는 당시에 결정되어 있지 않았던 것이다.

타자의 문화에서 살아가는 소수자들은 일생에 적어도 한번쯤은 자기혐오의 고통을 겪게 마련이다. 미국에서 태어난 한국계 미국인들도 예외가 아니다. 축구선수 하인스 워드와 같이 자기 분야에서 뛰어난 업적을 이룬 사람도 어린 시절에 자기의 얼굴이 백인과 다르다는 사실을 발견하고 자신을 혐오하는 시기를 거쳤다. 송기원과 마찬가지로 하인스 워드에게 그러한 자기혐오는 자기 극복과 성장의 긍정적 도약판이 되었을 것이다.

《백만장자를 위한 공짜 음식》이라는 자전적 소설로 유명 작가의 반열에 오른 재미 작가 이민진이 있다. 송기원이 고등학교에서 그러하였듯이 그녀도 예일대에 입학하자 백인 타자의 시선에 노출된 자신의 모습에 수치감을 느꼈다. 이전에는 "다양한 얼굴과 몸매의 인간들로 차고 넘치는 뉴욕에서 자라는 동안 외모에 대해서" 콤플렉스를 가진 적이 없었다. 그렇지만 백인이 다수인 예일대에서는 아름다움의 기준도 백인의 것이었다. 그녀는 "생전 처음으로 환영받지 못하는 신체적 특징을 지녔다는 느낌을 갖게 됐다." 전형적인 백인 미인과 달리 그녀의 "얼굴은 동그랗고, 코는 납작하고 눈은 작"았다. 이제 그녀는 외모 다원주의자가 되었다. 한국인에게는 미국인이 넘볼 수 없는 한국인 특유의 아름다움이 있다는 사실을 발견하였다. 이제 그녀는 백인의 외모를 기준으로 삼아 쌍꺼풀이나 코 성형을 하는 사람을 자기혐오자로 간주한다.*

송기원이나 이민진과 반대로 자기혐오가 자기 파괴로 악화될 수도 있다. 자기 부정의 단계에서 자기 긍정 단계로 나아가지 못하고 타자의 시선에 완전하게 사로잡힐 수 있기 때문이다. 자기혐오가 자신의 본질로 자리 잡는 것이다. 1993년에 노벨문학상을 수상한 흑인 여류 작가 토니 모리슨은 《가장 푸른 눈》에서 주인공 피콜라를 그러한 자기혐오의 전형으로 묘사하였다. 피콜라는 못생긴 소녀다. 정확하게 말하면 자기가 못생겼다고 생각하고 있다. 백인처럼 푸른 눈과 하얀 살결을 가지지 않았기 때문이다. "여러 시간 동안 피콜라는 거울 앞에 앉아서 자기의 추한 외모의 비밀을 밝혀내려고 안달하였다. 그녀는 자신이 추

---

* 이민진과 관련된 이야기는 이민진이 《조선일보》 2009년 2월 10일자에 기고한 칼럼 「차라리 대한민국을 성형하라」와 인터파크도서 북DB에 게재된 인터뷰 "'제2의 제인 오스틴' 재미 한인 작가 이민진"(http://news.bookdb.co.kr/bdb/Column.do?_method=ColumnDetail&sc.webzNo=27227&Nnews)을 토대로 하였다.

하기 때문에 학교에서 교사와 친구들이 자신을 무시하고 경멸한다고 생각하였다." 그녀는 자기가 백인과 다르다는 사실을 차이가 아니라 추하고 열등한 것으로 받아들였다. 그리고 그녀는 자신의 불행과 절망의 원인을 검은 눈과 검은 피부의 탓으로 돌린다.

토니 모리슨은 피콜라의 자기혐오에 대해서 다음과 같은 질문을 던진다. "누가 그녀를 추하다고 말했던가. 타고난 흑인의 몸보다는 차라리 불구자가 되는 게 훨씬 낫다고 느끼도록 만들었던가. 누가 그녀를 보고서 아름다움의 기준에 미달된다고 말했던가." 백인 우월주의가 그녀에게 무의식적 압력을 가하였다는 것은 부정할 수 없다. 그러나 그것보다 치명적인 것은 어머니 폴린이었다. 부유한 백인 부부의 유모인 그녀는 자기가 돌보는 백인 아이가 친딸보다 백배 천배 아름답다고 여기는 여자다. 백인 아이를 딸보다 더욱 사랑하였던 것이다.

그렇다면 한편에 송기원과 이민진, 또 다른 한편에 피콜라의 차이가 무엇일까? 전자는 자기혐오의 우회로를 거쳐서 자신의 아름다움에 이르렀다면 왜 후자는 영원히 자기혐오의 덫에 걸려서 벗어나지를 못하였을까? 피콜라에게는 넘어진 다음 다시 일어날 수 있는 탄성적인 자기 복원력이 없었다. 왜 없었을까? 원인은 어머니 폴린에 있었다. 송기원과 이민진은 타자의 시선에 노출되기 전에 부모에게 사랑을 받았던 경험과 기억을 가지고 있었다. 그들은 자칫하면 타자의 입속으로 영원히 삼켜질 수 있는 위기에 처해 있었다. 그러한 타자의 입에서 벗어날 수 있었던 것은 사랑과 행복의 경험이었다. 아름다움이란 무엇인가! 어머니의 눈에 비친 자식의 모습보다 더욱 아름답고 사랑스러운 것이 세상에 어디 있을까? 그렇지만 불행하게도 피콜라는 한 번도 부모의 사랑을 받아본 적이 없었다.

이 지점에서 혐오가 무엇인지 다시 생각해보자. 생물학적으로 혐오는 생명의 유지에 치명적인 독이나 오물과 같은 물질에 대한 본능적인 거부감이다. 나의 안으로 들어오면 위험한 타자를 밖으로 밀어내는 것이다. 그렇지만 우리가 생명을 위협하는 것에만 혐오감을 느끼는 것은 아니다. 우리의 정체성을 파괴하는 것도 혐오의 대상이다.

자기애는 자신의 존재를 지속하고 유지하려는 욕망이다. 이것은 정언명령처럼 무조건적이며 절대적이다. 그렇지만 프로이트는 인간에게는 본질적으로 자기 파괴의 충동도 내재한다고 주장하였다. 그러한 충동이 없다면 자살하거나 자해하는 사람도 없지 않겠느냐는 것이다. 그렇지만 나는 자기 파괴가 본능이 아니라고 생각한다. 자살자는 자기가 원하는 행복한 삶을 살 수 없다는 절망감에서 자신을 파괴하는 자다. 그냥 삶이 아니라 행복한 삶에 대한 기대가 없다면 자기 파괴도 없을 것이다.

자기애의 반대가 자기혐오라면 자기혐오의 반대는 타자 혐오다. 앞서 살펴보았듯이 타자 혐오와 자기애의 경계는 분명하지 않다. 관점을 달리하면 자기혐오가 자기애의 또 다른 표현이 되기 때문이다. 그렇다면 자기애가 타자 혐오로 표출될 수도 있을까? 예일대에 입학했던 당시에 이민진은 자신을 낯설게 바라보는 백인 학생들의 시선을 의식했을 것이다. 이때 학생들이 자기네와 다른 그녀의 몸을 혐오했을까? 송기원이 다녔던 고등학교의 학생들이 그가 가난하다는 이유로 혐오했을까? 타자 혐오의 대표적인 예로 인종차별, 외국인 혐오, 여성 혐오, 장애인 혐오, 동성애자 혐오 등이 있다. 앞서 소개한 플로리다에서 동성애자 클럽에 침입해 무차별 총격을 가한 청년이나 일본의 장애인 시설에 침입해 장애인들에게 칼부림을 한 청년이 자기 자신을 사랑하는 사람들이었을까? 나는 그렇게 생각하지 않는다. 자기혐오가 거울에 비친 자신의 모습에서 흠을 발견하는 사람들이라면 타자 혐오는 남에게서 찾아낸 흠을 가지고 자기의 결점을 숨기는 사람들이다. 타자를 싫어하고 미워함으로써 자신을 좋아하고 사랑하려고 시도하는 사람들이다.

아름다운 몸과 추한 살

똥이 왜 혐오스러울까? 유아들은 변을 보고 철퍼덕 거기에 주저앉아서 손으로 똥을 만지작거리면서 놀기도 한다. 아직 더럽다고 느끼지 못하는 것이다. 인도에는 조심해서 걷지 않으면 개똥이나 소똥을 밟을 정도로 길가에는 똥이 널려 있다. 짓밟힌 똥에는 파리 떼가 우글거린다. 인도인도 유아처럼 똥이 더럽다고 생각하지 않는 것일까? 외국인들은 혐오감에 이맛살을 찌푸리며 눈길을 돌리지만 인도인은 아무렇지도 않다는 듯 천연덕스러운 표정을 하고 있기 때문이다.

쥘 르나르의 자전적 성장소설 《홍당무》에는 주인공이 자기가 싼 똥을 먹는 장면이 있다. 불타는 듯 머리가 빨갛고 얼굴이 주근깨부성이라는 이유로 엄마가 노골적으로 괄시하는 주인공이 급기야는 똥이 든 수프를 먹는 사건이 발생한다. 엄마가 잠자리에서 대소변을 가리지 못하는 홍당무의 버릇을 고치기 위해 극약 처방으로, 홍당무가 이불에 싸놓은 똥을 나무 주걱으로 긁어 수프에 넣고 숟가락으로 입속에 밀어 넣었던 것이다. 그러고는 역겹다는 표정을 지으며 말했다. "아이고 더러워. 네가 지금 뭘 먹었는지 알아? 넌 지금 '그것'을 먹었어. 네가 싼 것을 도로 네 입에 넣고 삼켰다고!" 생각만 해도 구역질이 나지 않는가. 이렇게 말하면서 심술궂은 엄마는 아들이 놀라서 날뛰며 야단법

석을 떠는 모습을 기대하고 있었다. 그렇지만 그녀의 예상은 빗나갔다. '그럴 줄 알았다'라며 심드렁하게 대꾸했기 때문이었다. 그는 못된 엄마의 기대를 만족시켜주고 싶지 않았다.

왜 홍당무의 엄마는 수프에 똥이 들어 있다고 이야기를 했을까? 말해주지 않으면 모르기 때문이었다. 사람들은 대부분 그러한 사실을 알게 되면 구역질이 나서 위장으로 내려가던 수프를 토해버린다. 그러나 모르면 배설물이 든 음식도 맛있게 먹는다. 오히려 맛이 더해질 수도 있다. 고량주 양조를 소재로 한 장이모우 감독의 〈붉은 수수밭〉(1988)에서 주인공 위찬아오는 주인에 대한 분풀이로 새 고량주 통에 오줌을 휘갈긴다. 그런데 그 맛이 기막히게 좋아서 '18리 홍고량'이라는 이름으로 대박을 터뜨리게 되었다.

그런가 하면 똥을 보고 성적으로 흥분하는 분변 음욕증coprophilia도 있다. 모차르트도 결혼하기 전에 똥 페티시즘을 가지고 있었다. 그가 쓴 편지에 자주 등장하는 항문이나 똥, 방귀, 대변 행위와 같은 어휘와 표현들이 그 증거다. 일반적으로 분변 음욕증은 성행위를 하는 도중에 대소변을 더함으로써 더 많은 성적 쾌락을 추구하는 사람들, 변 자체나 변을 보는 사람의 모습을 보면서 성적 흥분을 느끼는 사람들을 말한다. 이러한 사람들이 지극히 예외적인 것은 아니다. 2013년에 수원에 거주하는 사십 대 여성이 자신의 배설물이나 용변을 보는 모습이 담긴 동영상을 판매한 혐의로 체포된 사건이 있었다. 그녀는 2010년부터 3년 동안 그러한 배설물과 동영상을 3,000명에게 우편으로 판매하였으며, 1억 2,000여 만 원의 수입을 올렸다고 한다. 우리가 혐오하는 똥을 애호하는 사람들도 있는 것이다.

　　토사물만큼 혐오스러운 것도 많지 않을 것이다. 아침 길거리에는 만취한 취객들이 밤에 토해놓은 토사물을 심심치 않게 볼 수 있다. 배변이 입으로 들어갔던 음식이 소화되어 항문으로 빠져나온 것이라면 토사물은 반대로 음식이 그렇게 소화되기 전에 역류해서 위로 올라온 것을 뜻한다. 이때 위장이 뒤틀리고 얼굴에 피가 한꺼번에 몰려 빌겋게 부풀어 오르고 눈이 충혈되는 고통이 뒤따른다. 그럼에도 구토는 몸의 자기 보호에 도움을 준다. 식중독에 걸리면 구역질을 통해서 위에서 생겨난 독성분이 밖으로 빠져나오게 된다. 식중독이 아니더라도 지나친 음주나 흡연 등으로 위벽이 헐면 위산이 역류하여 구역질이 나기도 한다. 이 경우에 구역질은 위벽이 헐었다는 메시지로 읽힐 수 있다. 임신의 흔한 증상인 입덧, 멀미나 현기증, 구토도 마찬가지다. 임신으로 몸의 균형이 어긋나면서 그런 증상이 발생하는 것이다.

　　위와 같이 몸이 자기를 보호하는 생리적 기제로서 구

역질이 있다면, 심리적이거나 도덕적인 이유로 생기는 구역질도 있다. '생각만 해도 구역질이 난다'나 '생각만 해도 혐오스럽다'와 같은 표현이 그렇다. 변을 보고 성적으로 흥분하는 사람의 모습을 상상만 해도 구역질이 난다. 인육은 말할 나위 없이 끔찍하다. 오스카 로조 감독의 영화 〈옴니보러스〉(2013)는 세상의 모든 진수성찬을 맛보았던 미식가들이 더욱 희귀한 요리를 찾다가 나중에는 인육까지 시식하게 된다는 내용이다. 과도한 탐욕에 대한 비판이 주제라는 것을 알면서도 관객은 인육 장면에서는 혐오감을 피할 수가 없다. 식인의 에피소드가 있는 유명한 문학작품으로는 바이런의 《돈 주앙》을 들 수 있다. 배가 난파되어 뗏목을 타고 망망대해를 표류하던 사람들이 아사할 지경에 이르자 제비뽑기로 희생자를 골라 그들을 먹어 목숨을 연명하는 것이다. 인간이 인간을 잡아먹다니! 인간이기를 포기하고 야수가 되는 끔찍한 행동이지 않은가. 상상만 해도 혐오감에 속이 메스꺼워진다. 이러한 이유로 문학이나 영화는 인육을 먹은 사람이 마지막에는 반드시 죽음으로 생을 마치도록 처리한다. 《돈 주앙》에서는 미쳐서 죽고, 〈옴니보러스〉에서는 중독되어 죽는다.

독을 먹으면 목숨을 잃지만 인육을 먹으면 사회적 죽음을 당한다. 인간으로서의 정체성을 상실하는 것이다. 이때 발생하는 혐오감은 인간으로서 죽음에 대한 공포의 반응이다. 인간만이 아니다. 고대 희랍 신화에 따르면 인육을 먹는 순간에 신도 영광과 위엄을 잃는다. 트로이 전쟁의 총사령관이었던 아가멤논의 가문이 저주를 받았던 이유도 신에게 인육을 대접했던 사건과 직결되어 있다. 아가멤논의 조상은 제우스의 아들로서 신들의 사랑을 독차지했던 탄탈로스인데, 그는 자기가 신보다 낫다는 자만심에서 신들을 잔치에 초대하고 아들 펠롭스를 죽여서 만든 음식을 대접한다. 뒤늦게 이 사실을 깨달은 신들이 즉각적으로 나타냈던 반응이 구토다. 혐오감과 분노로 몸서리를 치며 입에 들어갔던 음식을 내뱉었던 것이다. 그들의 분노는 자신의 신적인 정체성의 상실할지 모른다는 두려움에서 야기된 것이었다. 자아 정체성의 위기는 반사적으로 혐오감을 자아내는 것이다.

근친상간이나 부친 살해 등의 범죄가 특히 혐오감을 일으키는 이유도 인간으로서의 정체성 상실과 관계가 있다. 2016년 초에 부천시에서 초등학생 아들을 폭행해서 숨지게 한 부모가 시신을 유기했던 사건이 있었다. 이 사건을 다룬 신문 기사의 제목이 "자식 죽이고 밥 넘어가냐"였다. 자식을 죽인 부모라면 당연히 자신도 죽어야 마땅하다. 어떻게 살아남아서 밥을 먹을 수가 있겠는가. 동물도 자기 새끼는 죽이지 않는다. 설혹 음식을 입안에 억지로 밀어넣어도 자식을 죽인 자신에 대한 혐오감에 음식을 토해내야 하지 않겠는가. 불의의 사고로 자식을 잃은 어머니들은 아예 밥을 목으로 넘기지 못한다고 한다. 작가 박완서가 그랬다. 1998년에 교통사고로 외아들을 잃은 그녀는 신에 대한 원망과 절망, 고통에 신음했던 경험을 나중에 《한 말씀만 하소서》에 담아놓았다. 여기에서 그녀는 밥이 목에 넘어가지를 않았다고 토로했다. 자식을 잃고 살고 싶은 의지가 아예 바닥났던 것이다. 그러다가 어느 순간에 밥을 먹게 되었다고 한다.

아침에 눌은밥을 폭 끓인 걸 한 공기나 먹었다. 균열이 생긴 것처럼 메마른 혀와 식도에 상쾌한 통증을 느꼈다. 구수한 냄새도 좋았다. 딸이 눈을 빛내면서 좋아했다. 이렇게 해서 차츰 먹고 살게 되려나 보다. 이런 생각이 들자마자 이내 그럴 수 없다는 반발이 치밀었다. 자식을 앞세우고도 살겠다고 꾸역꾸역 음식을 처넣은 에미를 생각하니 징그러워서 토할 것 같았다. 격렬한 토악질이 치밀어 아침에 먹은 걸 깨끗이 토해냈다. 그러면 그렇지 안심이 되면서 마음이 평온해졌다. 정신과 육체의 생각이 일치할 때의 안도감 때문인지 낮잠을 좀 잘 수가 있었다.

밥을 먹고 나서 왜 토해낼 수밖에 없었는지 굳이 설명이 필요 없을 것이다. 몸을 제대로 가눌 수 없을 정도로

쇠약해진 그녀의 몸은 생명 유지를 위해서 자양분을 요구했다. 그러한 생명 유지의 본능에 비춰보면 음식에 대한 거부는 자기모순이다. 그렇지만 그녀는 생명이 스스로를 유지하고자 하는 이 맹목적인 본능을 혐오했다. 삶의 요구에 맹목적으로 휘둘리는 본능이 아니라 자식을 잃은 어머니로서의 자신을 확인해야 했다. 그래서 밥이 목에 넘어가면 어머니로서 정체성이 사라질 것이라는 두려움에 사로잡혔던 것이다. '격렬한 토악질'은 그녀가 여전히 아들의 어머니라는 산 증거였다.

정체성을 위한 혐오

혐오감은 자기 정체성의 한 축을 이룬다. 내가 이 세상의 모든 것을 다 좋아한다면 그것은 내가 개성이나 정체성이 없다는 말이나 똑같다. 모든 것을 다 좋아하는 것은 무질서다. 좋아하는 것이 있다면 싫어하는 것도 있어야 하며, 사랑하는 것이 있다면 혐오하는 것도 있어야 한다. "당신이 혐오하는 것이 무엇인가?" 이 질문에 대한 대답을 가지고 우리는 그의 성격이나 인격을 짐작할 수가 있다. 우리는 누구나 자신을 즐겁고 기쁘게 하는 것들에 둘러싸여서 살고 싶어 한다. 반면에 슬픔과 고통을 주는 대상으로부터는 그것이 전염병이라도 된다는 듯이 몸을 피하려고 한다. 우리는 자신을 해치거나 위협하고 불행하게 만드는 것들에 대해서 혐오감을 느낀다. 이때 혐오감은 인간적인, 품위 있는 삶을 향한 나의 욕망을 반영하고 있다. 독약에 대한 혐오감이 생물학적 자기 방어 장치라면 취향과 상반되는 것에 대한 혐오감은 개인적 정체성의 방어 장치다. 전자가 생명을 보장해준다면 후자는 정체성과 인격을 보장해준다.

혐오가 정체성과 불가분의 관계에 있기 때문에 정체성의 위치가 변화하면 혐오하는 대상도 변화한다. 고대 희랍에서는 여자 같은 남자, 즉 인간관계에서 수동적인 남자가 경멸의 대상이었다. 그리고 자기 주제를 모르고 나서고 물러날 자리를 가리지 못하는 인물도 혐오의 대상이었다. 호메로스의 《일리아스》에 등장하는 수많은 영웅과 병사들 가운데 유난히 혐오스럽게 묘사된 인물이 테르시테스이다. 군 사령관을 험담하다가 오디세우스의 채찍에 맞아서 눈물을 찔끔거리는 그는 짧고 휘어진 다리에 어깨는 안으로 굽은 추남으로 묘사되어 있다. 혐오스러운 언행을 하면 생긴 것도 혐오스럽게 보이는 것이다. 그렇지만 기존 질서와 권위에 대한 반항의 정서가 지배적이었던 낭만주의 시대였다면 테르시테스는 영웅적인 모습으로 비쳤을 것이다. 바이런과 쉴러와 같은 작가가 즐겨 그린 주인공들은 반항아이거나 이단아, 의적이지 않았던가.

그런가 하면 영혼의 건강을 중시하였던 중세에는 성욕이나 탐욕, 폭식과 같은 육체적 욕망이 경멸과 혐오의 대상이었다. 베아트리체에 대한 사랑을 노래한 시 〈신생〉에서 단테는 그녀의 외모에 대한 표현은 한마디도 담지 않았다. 외모가 아니라 영혼의 아름다움이 중요했던 것이다.

혐오의 대상이 역사적으로 변한다는 사실을 탁월하게 보여주는 예 중 하나를 단테의 《신곡》의 〈지옥편〉에서 찾을 수 있다. 그는 죄질의 정도에 따라서 죄인이 고통을 당하는 지옥의 공간을 각각 다르게 배치하였다. 지옥에는 불의의 사랑에 빠진 연인도 있다. 원탁의 기사 랜슬롯과 기네비어의 이야기를 읽으면서 사랑에 빠지게 되었던 파올로와 프란체스카는 지옥에서 거센 폭풍우에 시달리는 형벌을 받고 있다. 사랑의 격정으로 인한 범죄crime of passion에 비교적 관대한 현대의 문화 풍토로는 도저히 이해할 수가 없는 처벌이다. 단지 사랑했다는 죄로 지옥에서 영원한 형벌을 받아야 한다니! 그렇지만 이 희망이 없는 지옥의 죄수들 가운데 무엇보다도 우리를 놀라게 하는 것은 브루투스다. 그는 공화정을 폐기하고 로마를 독재국가로 만들려는 카이사르의 야심을 저지하기 위해서 그를 암살했던 인물이다. 그는 의로운 인물로서 명성이 높았다. 그런데 앞서 살폈듯 단테는 그를 이 세상에서 가장 악독하고 사악한 범죄를 저지른 자로 분류하고, 그것으로도 성이 차지 않아서 지옥의 가장 고통스런 공간에서 가룟 유다와 더불어 사지가 찢기는 형벌을 받게 만들었다. 마왕인 루시퍼가 오징어를 찢어 먹듯이 그의 사지를 갈기갈기 찢어서 입으로 잘근잘근 씹어대는 것이다. 왜 그가 그렇게 혹독한 형벌을 받도록 했을까? 카이사르의 우정과 신뢰를 배신했다는 이유다. 단테는 이 세상에서 가장 위대한 미덕은 우정인 반면에 가장 혐오스런 타기唾棄의 악덕은 배신이라고 보았다. 우정에 비하면 조국의 자유를 지키는 것은 아무것도 아니라 생각했다. 우정과 신뢰는 가치의 시금석이었다.

동성애에 대한 강렬한 혐오감을 빼놓으면 혐오의 역사는 불완전하게 남을 것이다. 그러나 동성애가 언제나 혐오의 대상이었던 것은 아니었다. 고대 희랍과 로마에서 동성애는 공인된 하나의 관행이었다. 하녀나 기생이 아니면 여성의 바깥 출입이 엄격히 금지되었던, 즉 군대처럼 남성만으로 이루어진 사회적homosocial 공간에서는 남성의 동성애가 용인되는 경우가 적지 않았다. 이 점을 감안하더라도 특별히 고대 그리스에서의 남성 간 동성애는 하나의 공인된 문화였다. 플라톤의 《향연》에도 동성애가 이성애보다 더욱 바람직하다고 주장하는 화자가 등장할 정도였다. 그런데 기회가 있을 때마다 성적 절제와 금욕을 강조했던 중세로 접어들면서 동성애에 대한 태도가 180도로 변했다. 남성 문화의 일부였던 관행이 이제는 인류는 물론이고

단테 가브리엘 로세티, '아서 왕의 무덤'(1860)

랜슬롯과 기네비어의 마지막 만남

라파엘전파의 대표적인 화가 중 한 사람인 단테 가브리엘 로세티는 신화, 성서, 문학작품 등에서 모티브를 취한 작품을 많이 그렸다. 토머스 맬러리 경이 쓴 영어 최초의 산문 《아서 왕의 죽음》에서 그가 맨 처음 그린 것은 아서 왕의 무덤에서 만난 기사 랜슬롯과 아서 왕의 정비 기네비어다. 아서 왕이 죽고 난 뒤 수도원에 들어가 수녀가 된 기네비어 왕비는 마지막으로 그녀를 만나러 온 랜슬롯을 거절한다. 그것이 그들의 마지막 만남이었다. "저에게 마지막으로 입맞춤을 해주세요." 그러자 왕비가 말했다. "절대로 그렇게 할 수 없어요. 그대가 그렇게 하는 것을 허락하지 않아요." 그리고 그들은 헤어졌다.

천륜까지 저버리는 가장 혐오스런 범죄로 낙인이 찍히게 된 것이다. 그것은 강간보다 더욱 파렴치한 행동이 되었다. 혈기 왕성한 젊은이라면 한때 욕망을 주체하지 못해서 강간 정도는 범할 수도 있다고 생각되었다. 그것은 용서할 수 있는 범죄였다. 그에 비할 때 동성애는 자연의 섭리에 반하는 대죄大罪였던 것이다. 중세 신학자들은 성행위의 유일하고 정당한 목적이 번식에 있다고 보았다. 그러한 목적에서 벗어나는 성행위는 용서받을 수 없는 것이었다. 강간은 그래도 임신의 가능성이 있다는 점에서 동성애만큼 끔찍한 죄악은 아니었다. 물론 강간이 죄악임은 두말할 나위가 없다. 그렇지만 동성애처럼 자연과 신의 뜻에 반하는 극악 범죄는 아니었다. 이와 같이 동성애에 대한 혐오감은 중세에 막을 내렸던 것은 아니었다. 19세기 말까지도 그것은 입에 담기에도 혐오스러운 범죄로서 사회적 지탄을 받았다.

무엇이 혐오스러운 행동인가? 우리는 그것이 무엇이라고 꼭 집어서 말할 수 없다. 개인의 성향과 취향에 따라서 혐오의 대상이 달라지기 때문이다. 그렇지만 개인의 취향이 진공 속에서 생겨난 것이 아니라 사회적 영향에 의한 것이라는 사실을 염두에 두면 혐오의 대상은 항수가 아니라 역사적이며 문화적인 변수이다. 동성애가 가장 단적인 예이지 않은가. 19세기 후반에 유럽의 지가를 올렸던 인기 작가 오스카 와일드는 동성애 스캔들에 휘말리면서 갑자기 혐오 인물 1위로 추락했다. 불과 20년 전만 하더라도 우리나라에서 동성애는 입에 담기에도 수치스러운 금기어였다. 2000년에 자신이 동성애자라는 사실을 공개했던 홍석천이 겪어야 했던 온갖 수모와 불이익이 그것을 입증한다. 그렇지만 지금은 동성애를 주제로 하는 영화는 물론이고 TV에도 동성 커플이 등장하는 연속극이 방영될 정도로 동성애를 바라보는 태도가 너그러워졌다. 그리고 이제는 노골적으로 동성애를 혐오하는 사람이 혐오의 대상으로 손가락질을 받게 되었다. 이러한 변화가 말해주는 진실은 무엇인가? 혐오스러운 사람은 존재하지 않는다는 사실이다. 단지 그를 바라보는 혐오의 감정과 태도만이 있을 따름이다. 그리고 그러한 감정과 태도는 계속해서 변화하는 과정에 있다는 사실이다.

여성 혐오, 또는 미소지니

2~3년 전부터 바람에 묻어 오던 여성 혐오가 최근에는 폭풍우가 되었다. 2016년 5월 17일, 강남역 근처 화장실에서 20대 여성이 살해당한 후, 그렇지 않아도 불붙기 쉬운 혐오 논쟁이 가열되었다. 이 범행이 여성 혐오에 기인한 것인가 아닌가의 여부에 관심이 쏠렸다. 정신질환에 의한 우발적 범죄라는 경찰의 공식 발표가 있었지만, 일부 페미니스트들은 여성 혐오를 진원으로 진단하였다. 그러면서 일베와 메갈리아로 대표되는 온라인 커뮤니티들을 중심으로 여성과 남성의 차이를 강조하고 갈등을 부추기는 적대 전선이 형성되었다. 집단 극화group polarization가 발생한 것이다.

여성 혐오가 무엇일까? 서양의 미소지니misogyny를 우리말로 여성 혐오라고 한다. 그것은 넓게 보면 가부장주의적 역사와 문화, 제도가 만들어낸 관행, 언어, 생각, 태도, 감정 등을 총칭한다. '여자는 이렇고 저래야 된다'라는 생각이나 바람도 그러한 여성 혐오의 혐의에서 자유롭지 않다. 이때 남성 모두가 여성 혐오자로 몰릴 수 있다. 4만 년 동안 세상을 지배했던 가부장제의 영향을 받지 않은 남자는 존재하지 않기 때문이다.

그런데 모든 남자를 여성 혐오자로 몰아도 좋을까? 모든 남자가 여성 혐오자라면 그것은 '남자는 남자다'라는 주장처럼 동어반복이 되지 않을까? 이러한 동어반복의 함정을 피하기 위해서는 여성 혐오의 외연을 제한할 필요가 있다. 남자라고 해서 모두 다 여성을 차별하거나 무시하고 비하하지는 않는다. 여자라고 해서 모두가 그러한 혐오로부터 자유로운 것은 아니다. 때리는 시어머니보다 말리는 시누이가 더 밉다는 말도 있지 않은가.

혐오는 싫어하고 미워하는 감정이다. 그것도 자제가 되지 않을 정도로 무척이나 싫어하고 미워하는 감정이다. 온라인 커뮤니티에 올라오는 여성 혐오 발언과 댓글 가운데는 등골이 오싹해지는 표현들이 많다. 유황 불길에서 시뻘겋게 타오르는 악마의 혀나 여성을 잔인하게 고문하고 살해하는 연쇄살인범, 혹은 피해망상증 환자를 보는 것 같은 느낌이 든다. 아무 이유 없이 그냥 여성을 혐오하는 남자는 없을 것이다. 자신이 당연히 누려야 할 행복과 기쁨을 여성이 빼앗아 간다고 생각하며 원망하는 마음이 혐오의 감정으로까지 발전했을 것이다. 지금까지 가부장제가 보장해주었던 남성 위주의 세상이 이제 여성에게 통째로 넘어가고 있다는 위기감과 상실감을 느끼는 남자들도 적지 않을 것이다. 그렇지만 나는 그러한 감정이 적극적인 의미의 혐오라고 생각하지는 않는다.

혐오의 고전적인 예가 독기 어린 눈, 저주의 눈, 악마의 눈이다. 성 아우구스티누스는 일찍이 《고백록》에서 자기 엄마의 젖을 이웃집 아이가 물고 있는 것을 발견한 유아가 잡아먹을 듯이 독기가 올라서 그를 쳐다보는 질투의 눈에 대해 언급한 적이 있었다. 당연히 자기의 몫이어야 할 엄마의 사랑을 강탈당한 아이는 악마의 눈이 되는 것이다. 내가 '당연히' 누리고 즐겨야 할 쾌락과 사랑을 남에게 빼앗겼다는 데서 오는 억울함과 분노, 피해의식이 커지면 우리는 악마가 될 수 있다.

이현령비현령처럼 여성 혐오의 정의는 학자들에 따라서 달라진다. 그것의 외연이 가부장제적 관행과 태도로 확대될 수도, 악마의 눈으로 축소될 수도 있다. '미소지니'로 표현한다고 해서 정의의 어려움이 해소되는 것은 아니다. 어디에서 어디까지가 여성 혐오인가? 동일한 개념을 입에 올리지만 전혀 다른 현상들을 염두에 두고 논쟁하는 학자들의 태도만큼 소모적이고 무의미한 일은 없을 것이다.

나는 여성 혐오를 군이 유럽적 맥락의 미소지니로 이해할 필요는 없다고 본다. 가부장제도 마찬가지이다. 가부장제가 곧 여성 혐오라는 식의 주장은 지나친 일반화의 오류다. 이 점에서 혐오라는 감정은 제도나 구조와는 구분될 필요가 있다. 우리가 주관적으로는 느끼지 못하지만 자기도 모르게 무의식적으로 반복하는, 즉 가부장적으로 몸에 배인 여성 혐오나 편견이 있을 수 있다. 그렇다면 가장 고전적인 의미에서의 여성 혐오는 무엇일까?

여성 혐오의 전통과 문화

서양의 종교와 신화의 단골 메뉴 중 하나는 여성 혐오다. 헬레니즘과 기독교 전통은 여성을 남성보다 열등하고 불완전한 존재로 묘사하였다. 그것으로도 부족해서 인간의 온갖 불행과 고통의 원인은 여성에게서 찾았다. 이를테면 이브의 유혹이 없었더라면 아담은 선악과를 따 먹는 죄를 짓지 않고 에덴동산에서 영원히 행복하게 살 수 있었을 것이라는 식이다. 인류 최초의 여성 판도라의 상자에 얽힌 신화도 마찬가지이다. 그녀의 아름다움에 매혹된 에피메테우스는 판도라에게 청혼을 한다. 결혼식에 참석한 하객들 모두 정성껏 선물을 준비하였다. 주체 할 수 없을 만큼 많은 선물, 그런데 그 가운데 단 하나는 절대 열어보면 안 된다고 남편이 당부한다. '여자는 호기심이 많다'라고 했던가. 결국 그녀는 호기심을 이기지 못하고 그 상자를 열어버린다. 그러자 그 안에 숨겨놓았던 질병과 고통, 죽음, 불행 등 인류를 괴롭히는 모든 악이 밖으로 뛰쳐나오게 되었다. 인류 불행의 원인은 판도라인 것이다. 이 두 가지 신화가 주장하는 내용은 분명하다. 여성의 잘못으로 인해서 죄 없는 남성들도 불행을 덤터기로 짊어지게 되었다는 것이다.

철학도 그러한 여성 혐오의 신화에 한몫을 더했다. 철학은 옳고 그름, 선과 악, 정신과 육체, 영혼과 물질, 자유와 구속, 하늘과 땅 등 모든 것을 이원론적으로 바라보는 경향이 있다. 인간도 예외가 아니다. 인간은 한편으로 초월적·이성적인 존재지만, 다른 한편으로 동물처럼 감정적·본능적 존재다. 두 가지 상반된 성향을 갖고 있다. 그런데 고약하게도, 플라톤과 아리스토텔레스를 비롯해서 대부분의 철학자들은 이성을 남성의 본질로, 감정과 본능을 여성의 본질로 규정하였다. 남성이 진리를 추구하는 정신적 존재인 반면, 여성은 먹고 마시는 것에 집착하는 육체적 존재라는 것이다. 이러한 남녀의 구도가 여성 혐오를 조장하는 이유를 설명할 필요는 없을 것이다. 남성은 진리를 추구하는 정신적 존재지만 자칫 잘못하면 육체적인 욕망에 빠질 수 있다. 이때 육체적인 것은 여성적인 것이다. 여성을 멀리하고 혐오하지 않으면 남성은 자기의 잠재적 가능성을 살릴 수가 없다. 여성이란 그의 초월적 날개의 비상을 방해하는 납덩어리다. 이러저러한 여성의 행위가 아니라 여성이라는 존재 자체가 남성의 정신에 대한 위협이 된다. 이 경우에 여성을 혐오하면 할수록 남자는 보다 초월적인 존재로 비약한다.

　　이브와 판도라의 신화가 여성의 '행위'에서 인간의 불행의 원인을 찾는다면 철학은 여성의 존재 자체를 남성적 이성에 대한 위협으로 파악한다. 전자의 시각이 윤리적이고 후자는 존재론적이라는 차이에도 불구하고 양자가 남성에게 특권적 지위를 부여하고 있다는 점에서는 동일하다. 잘한 것은 남자의 덕이고 잘못한 것은 모두 여자의 탓이라는 것이다. 남녀가 평등한 현대 사회의 우리에게는 쉽게 이해가 되지 않는 관념이리라. 그렇지만 인류의 긴 역사에서 남녀평등이 이루어진 것은 극히 최근의 일이었다는 사실을 염두에 두어야 한다. 20세기 초반까지도 여자들은 남자들과 더불어서 정규 교육을 받기가 어려웠다. 《자기만의 방》에서 버지니아 울프가 탄식하였듯이 당시에는 여자가 도서관을 이용할 수도 없었으며, 대학에 입학하는 것은 더더욱 불가능했다. 읽고 쓰는 일을 남자들이 독점했던 것이다. 심지어 영국의 대문호 밀턴의 딸들도 읽고 쓰는 법을 모르지 않았던가. 앞서 소개했던 신화와 철학은 예외 없이 남성의 손으로 기록된 것들이다. 여성은 공적으로 자신을 표현할 수 있는 언어와 매체를 가지지 못했다. "여성이 무엇인가?"라는 질문도 여성이 던진 자신에 대한 질문이 아니라 남성이 남성을 위해서 묻고 대답한 질문이었다. 이와 같이 일방적인 상황에서 남녀의 차이가 지극히 남성에게 유리하도록 보이고 쓰인 것은 당연한 일이었다. 남자가 보고 생각하며 글을 쓰는 존재(이성)라면, 여성은 보이는 대상, 즉 육체에 지나지 않았다.

두 개의 여성 혐오

존재론적 여성 혐오: 혐오스런 살

쇼펜하우어는 여성 혐오자로서 악명이 높다. 그는 여자를 개인적으로 싫어하는 것으로 양이 차지 않았는지 《인생론》의 한 장을 여성 비하 독설로 가득 채웠다. 그럼에도 객관적이고 공정하게 여성을 평한다는 인상을 주기 위함인지 제목은 '나의 여성 혐오'가 아니라 '여자에 대하여'이다. 그에게 여성의 본질은 섹스와 양육으로 요약될 수 있다. 도킨스식으로 말하면 유전자가 계속해서 자기를 복제하기 위해 여성의 섹스와 양육을 이기적으로 이용하는 것이다. 여성은 인간 종족의 번식을 위한 수단에 지나지 않는 셈이다. 여성은 이러한 번식의 목적을 이루기 위해서라면 못할 일이 없다. 거울 앞에 앉아서 장시간 화장하는 일은 개인적 취향이 아니다. 그것은 번식의 목적을 위해 남자를 유혹하는 투자이며 미끼이다.

쇼펜하우어는 생식과 번식에는 지적 능력이 필요치 않다고 보았다. "그녀들은 선천적으로 모든 것을 다만 남자를 손에 넣기 위한 수단으로 보고, 그 밖의 일에 관심을 갖는 것은 다만 외관상 그렇게 보일 뿐 애교를 파는 원숭이의 흉내에 불과하다." 여자는 지적으로 미숙한 아이나 다름없다는 것이다. 나이가 들어도 여자는 "큰 어린아이", 기껏해야

"어린아이와 남자의 중간적 존재"에 머물게 된다. 연륜이 더 한다고 해서 성숙하거나 지혜롭게 되지도 않는다. 그렇다고 여자들이 어린아이처럼 순진무구한 것은 아니다. 쇼펜하우어는 여자를 향해 온갖 악담을 다 퍼붓는다. 간사하고 교활하며 거짓말과 속임수에 능하다는 것이다. 남자를 유혹하지 않으면 어떻게 번식의 목적을 달성할 수 있겠는가.

쇼펜하우어는 여성의 신체도 철저하게 목적론적으로 설계되었다고 보았다. 여성의 "좁은 어깨, 큰 궁둥이, 짧은 다리는 남자의 눈을 어지럽히며 성욕을 자극하도록" 프로그램된 결과라는 것이다. 그러나 이와 같이 남성을 자극하는 여성의 신체적 아름다움은 영원히 지속되지 않는다. 출산과 양육의 목적이 달성되는 순간에 아름다움도 끝난다는 것이다. 쇼펜하우어는 이러한 자신의 주장에 무게를 주기 위해서 개미의 비유를 든다. "수캐미가 일단 교접을 마치면 알을 깔 때에 이미 불필요한 것, 방해가 되는 날개를 상실하는 것과 같이 여자도 두서너 번 해산을 하면 아름다움을 상실하는 것이 보통인데, 모두가 같은 이유에서 비롯되는 현상이다."

쇼펜하우어의 여성관은 철학적 담론이 아니라 걸쭉한 '야설'에 가깝다. 그렇다고 그의 여성관이 독창적인 것도 아니다. 플라톤과 아리스토텔레스를 비롯해서 서양의 사상가들은 예외 없이 여성 비하 발언을 하였다. 그들은 이

성적인 남성과 달리 여성은 동물처럼 먹고 마시는 것으로 만족하는 열등한 영혼의 소유자라고 주장하였다. 현대인의 시각으로 본다면 심리 상담이 필요할 정도로 여성에 대해 악감정을 가지고 있었던 것이다. 왜 그들은 인류의 절반인 여성을 비하해야만 했던 것일까? 여성이 교육을 받거나 공적 활동을 할 수 없었던 당시의 상황, 즉 여성에게는 자신의 지적인 능력을 증명할 기회가 주어지지 않았던 가부장적 사회체제를 감안하더라도 철학자들의 여성 비하는 지나친 극단으로 흐르는 듯이 보인다. 종교도 여기에 한몫 가세하였음은 물론이다. 뱀의 잔꾀에 속아서 선악과를 따 먹고 그것으로도 모자라서 아담까지도 함께 타락하도록 만든 존재가 여자라지 않은가. 쇼펜하우어의 여성관은 이와 같은 전통적 여성관의 재판에 지나지 않는다. 새로운 것이 있다면, 그의 과장된 수사법이다. "애교를 파는 원숭이"라거나, "출산과 동시에 날개를 잃는 수캐미"와 같은 표현들은 그의 글의 지극히 작은 일부에 지나지 않는다.

무슨 억하심정에서 쇼펜하우어는 여성을 저토록 혐오하였을까? 그의 여성 혐오의 원인을 어머니와의 관계에서 찾는 학자들이 많다. 그의 어머니가 당시의 이상적인 모성상과는 거리가 멀었다는 것에는 의심의 여지가 없다. 예술가적 기질이 다분한 데다가 속박을 견디지 못했던 그녀는 남편과 사이가 좋지 않았으며, 그렇다고 집안을 알

뜰살뜰 보살피지도 않았고, 아들은 언제는 뒷전에 있었다. 그녀의 관심은 오로지 문화와 예술, 사교 활동에 있었다. 쇼펜하우어가 묘사한 여성상과는 너무나 거리가 먼 여자, 그의 기준에 따르면 지적으로 남성에 보다 가까운 여자였다. 그녀가 지극정성으로 아들을 보살피지 않았던 것은 확실하다. 그런데 그녀로서도 할 말이 없지는 않았을 것이다. 쇼펜하우어는 까다롭고 괴팍하며 무척이나 고집이 센 아이였다. 아무튼 그렇지 않아도 사이가 좋지 않았던 어머니와의 관계는 그가 성인이 되면서 더욱 악화되었다. 그는 평생 모친을 보고 싶어 하지 않았다.

쇼펜하우어의 여성관은 지극히 역설적이다. 여성으로부터 애정을 받지 못하였던 그는 아예 여성 자체를 거부함으로써 자신의 상처를 극복하려 했던 듯이 보인다. 탐스럽지만 손이 닿지 않아서 먹을 수 없는 포도를 줘도 먹지 않을 신 포도라고 생각함으로써 자기 합리화를 시도하는 것이다. 또 약간만 각도를 달리해서 보면 그의 여성 폄하는 여성에 대한 찬양인 듯이 보이기도 한다. 그는 출산과 양육밖에 모른다는 이유로 여성을 비하하였음은 의심할 여지가 없는 사실이다. 그렇지만 그는 자기 어머니도 그와 같이 출산과 양육에만 전념하는 여자였으면 좋았겠다는 소망을 품었던 듯이 보인다.

여성 혐오가 논의되는 자리에서 또 빼놓을 수 없는 사

에드가 드가, '별'(1878)

독신으로 살아간 '무희의 화가'

어린 시절 어머니의 외도를 목격한 드가는 여성 혐오 화가로 분류되곤 한
다. 그의 그림에서 여성의 얼굴은 뭉개지듯 표현되어 있어서 그 표정이 모
호하다. 그 내면이 투사되지 않는 것이다. 그는 발레하는 여성을 즐겨 그렸
는데, 이에 대해 드가는 다양한 동작을 표현할 수 있기 때문이라고 말한 바
있다. 그의 그림에서 여성은 몸짓을 구현하는 육체는 있되 표정으로 상징
되는 인격은 발견하기 어렵다는 해석도 있다.

상가가 오토 바이닝거다. 천재와 정신병자라는 상반된 평을 받으며 파란만장한 삶을 살다가 스물세 살의 나이에 《성과 성격》을 출간하고는 자살로 생을 마친 인물이다. 그는 자살하기 위한 장소를 물색하다가 베토벤의 생가를 택하였다고 한다. 위대한 천재임에도 불구하고 베토벤의 말년은 지극히 가난하고 불우하지 않았던가. 그리고 빈민들이 묻히는 공동묘지에 그의 시체가 안장되지 않았던가. 바이닝거는 베토벤과 자신을 동일시하였는지 모른다. 그는 극단적으로 이상주의적인 인물이었다. 그러한 이상에 비하면 병들고 늙어서 죽어야 하는 생물학적 삶과 먹고 마시는 일상은 너무나 비루하고 속되게 보였을 것이다. 그는 속물과 위선자, 저열한 사람들과 똑같이 먹고 마셔야 한다는 사실에 혐오감을 느꼈다. 그는 자신이 유태인이지만 유태인을 증오하였고, 그에 못지않게 여성을 혐오하였다.

오토 바이닝거의 이상은 무엇이었을까? 그는 자유의 이념에 목숨을 걸었다. 삶의 목적은 오로지 자유의 구현에 있었다. 그가 모든 종류의 구속과 관습, 관성적인 삶을 혐오하였던 것은 당연한 일이었다. 그에게 유대인과 여성이라는 범주는 그와 같이 구속된 삶의 상징이자 실재였다. 왜 하필이면 유대인과 여성이었을까? 그는 유대인이 유대 관습과 율법, 역사에 묶인 전통의 노예라고 생각하였다. 반면 여성은 종족 보존의 노예였다. 아무리 좋은 전통이라고 해도 자유의 걸림돌이 되는 순간에 전통은 악이 되어버린다. 출산과 양육이라는 종족 보존의 역할도 마찬가지이다. 자유롭고 자발적인 선택이 아니라 여성의 운명이자 의무로 간주되는 순간에 그것은 여성의 몸과 영혼을 결박하는 차꼬가 되어버린다. 그렇다면 그에게 바람직한 삶이란 무엇이었을까. 이상주의자인 그는 인간에게는 신적 속성이 내재되어 있다고 생각하였다. 무엇보다 중요한 것은 이러한 신적 속성을 극대화하는 작업이다. 인간은 궁극적으로 신이 되어야 하는 것이다. 그러기 위해서는 생물학적·제도적 족쇄부터 벗어던지지 않으면 안 된다.

쇼펜하우어와 마찬가지로 바이닝거도 여성의 본질을 성에서 찾았다. 성은 여성이라는 존재의 목적telos이며 당위성이다. 이러한 이유로 여성은 성적으로 충만하면 충만할수록 더욱 삶이 윤택해지고 존재가 빛을 발한다. 성이라는 연료가 여성의 에너지원이다. 그 결과 성적인 자극이나 활동이 중단되면 여성은 삶의 의미와 의욕을 잃어버린다. 이때 여성의 본질인 성이 성행위만을 의미하는 것은 아니다. 그에게 성의 핵심은 임신과 출산, 양육을 통한 종족 보존에 있다. "여성의 존재 의미는 인류의 종족 보존과 관계될 뿐이다." 이 점에서 남편과 성적 관계, 자녀의 양육이 여성의 전부라고 말해도 과언이 아니다. 쇼펜하우어와 마찬가지로 바이닝거도 그러한 종족 보존의 활동을 위해서는 지성이 필요치 않다고 생각하였다. 여성은 사유하는 존재가 아니라 본능적으로 느끼고 행동하는 감정적 존재라는 것이다. "여성에게 사고와 느낌은 하나다. 양자가 구분되지 않는다." 즉 여성은 생각도 성적 본능으로 삼투되어 있다는 것이다. 때문에 성이 제거되면 여성에게는 아무것도 남지 않는다. 여성 자체가 해체되어 없어지는 것이다.

　　오토 바이닝거가 여성이 성적 본능에서 벗어나지 못하는 존재라는 이유만으로 여성을 혐오했던 것은 아니다. 그에게 여성은 감염력이 강한 존재다. 여성과 가까이하면 남성도 여성처럼 본능적인 존재로 변화한다는 것이다. 여성은 가만히 자유롭게 놔두면 현실을 초월할 수 있는 남성을 온갖 감언이설로 유혹해서 자신과 마찬가지로 종족 보존에 종사하는 존재로 타락하게 만든다. 여성은 남성의 자유로운 비상을 방해하는 납덩어리인 것이다. 그렇다면 그에게 남성이란 무엇인가. 남성은 이상, 초월, 절대성, 자유를 상징한다. "순수한 남성은 신과 동격이고 또 절대적인 존재다." 남성의 본질은 잠재적 신이라는 것이다. 생로병사하는 비루한 육체에서 벗어난 자유로운 영혼이다. 이러한 이유로 여성과 달리 남성은 감정에 오염되지 않은 사유, 순수하게 이성적인 사유를 할 수가 있다. 그럼으로써 동물적 감정과 본능으로부터 완전하게 탈각할 수가 있다. "자신의 성에 맞서고, 자신으로부터 성을 떼어낼 수 있는"

존재가 남성이다.

　위와 같이 간단하게 요약되는 바이닝거의 여성관에서 두드러지는 것은, 여성에 대한 그의 두려움이다. 자칫 방심하면 여성적인 것에 감염되어 남성성을 잃을 수 있다는 두려움에 사로잡혀 있는 것이다. 이러한 두려움은 남자들에게 낯선 감정이 아니다. 연속극에 자주 등장하는 주제의 하나도 그러한 감정과 직결되어 있다. 주인공 남자들이 사랑을 택할 것인지, 아니면 꿈과 야망을 따를 것인지의 기로에서 고민하는 것이다. 이때 여성적인 것이 가정과 육아라면 남성적인 것은 넓고 거친 세상을 상징한다. 물론 바이닝거가 생각하는 남성성은 그러한 세속적 욕망과는 거리가 멀다. 그럼에도 양자는 자유를 잃을 수 있다는 두려움을 공유하고 있다. 여자의 본질이 결혼과 출산, 양육에 있다면 결혼하는 순간 남자도 그러한 여성화의 길을 걷지 않을 수 없다. 이 점에서 바이닝거가 생각하는 남성과 여성의 차이는 실제 현실 남녀의 차이가 아니라 남성성과 여성성이라는 추상적 차이에 훨씬 가깝다. 그가 말하는 남성과 여성은 이념형인 것이다. 남성이 육체를 초월한 존재라는 정의도, 물론 그러한 이념형과 떼어놓고 생각할 수 없다. 이 점에서 남자와 남성성, 여자와 여성성은 일치하지 않는다. 여자도 남성적이 될 수 있듯이 남자도 여성적이 될 수 있다.

윤리적 여성 혐오: 혐오스런 행동

고대 그리스 시대 이후로 전승돼 내려오던 여성 혐오의 전통은 쇼펜하우어와 바이닝거의 손을 거치면서 더욱 위악스럽고 신랄하게 되었다. 그들은 여성의 이러저러한 행동이 아니라 여성의 존재 자체를 혐오하였다. 종의 보전을 위한 맹목적 생식의 본능이 여성의 모든 것이라고 생각했기 때문이었다. 이 점에서 여성은 인간의 동물성을 대변한다. 늑대나 여우를 비롯해서 바퀴벌레와 지렁이까지 모든 동물은 종의 보전을 위해서 짝짓기를 한다. 남자도 결혼해서 자녀를 양육한다면 이러한 동물과 무슨 차이가 있단 말인가. 여자를 만나지 않았더라면 만물의 영장일 수 있었던 남자가 동물의 한 종으로 추락하고 만다. 성이 동물과 인간의 차이를 지우는 것이다.

쇼펜하우어와 바이닝거에게 여성 혐오는 존재론적이며 심미적이다. 윤리적이 아니라는 점에 주목할 필요가 있다. 윤리적인 이유라면 행동과 태도가 달라지면 혐오감도 수그러들 수 있다. 여성의 존재가 아니라 행동을 미워하기 때문이다. 그러나 쇼펜하우어와 바이닝거는 여성의 성 자체를 싫어하는 유형의 인물이다. 무엇보다도 그들은 자신이 성욕을 가지고 있다는 사실을 인정할 수가 없다. 자신은 미천한 동물과 다른 초월적 존재여야 한다. 그런데 고약하게도 여성이 곁에 있으면 자신도 모르게 성적 욕망이 고개를 들기 시작한다. 그것은 자신도 다른 동물과 마찬가지로 육체적 존재라는 결정적인 증거다. 이뿐만이 아니다. 그것은 자신도 부모의 짝짓기에 의해 태어난 핏덩어리에 지나지 않았다는 것을 상기시킨다. 만약 여성이 없다면 그와 같이 부끄러운 사실을 잊고 지낼 수 있지 않은가. 아예 여성이 없다면 성적 욕망으로부터도 자유를 얻을 수 있지 않을까. 이처럼 쇼펜하우어와 바이닝거에게 여성은 자신도 성적 동물이라는, 잊고 싶은 치욕적인 사실을 상기시키는 존재였다.

그러나 여성 혐오의 유형이 모두 존재론적인 것은 아니다. 이러한 존재론적 여성 혐오의 근원은 인간의 초월적 욕망에 있다. 그리고 모든 남성이 그러한 초월을 꿈꾸지는 않는다. 오히려 그 반대가 참이다. 자신의 동물성을 거부하는 사람은 극소수의 엘리트에 지나지 않는다. 대부분 남성은 쇼펜하우어와 바이닝거가 그토록 경멸했던 세속적 인간의 유형에 해당한다. 이 거칠고 각박한 세상에서 행복하게 살기 위해 발버둥치는 지극히 현실적인 남자들이다. 그것이 무엇이든 자신의 행복을 훼방하는 것은 싫어하고 미워하는 남자들이다. 인간은 행복 추구권이 있지 않은가. 이때 미워하는 대상은 행복을 방해하거나 불행의 씨앗을 뿌리는 '행동'들이 된다. 여성과의 관계에 대해서도 마찬가지다. 여성이라는 존재 자체를 미워하고 싫어하는 것이 아니다. 여성의 특정한 행동들이 자신의 행복을 방해한다고 생각하기 때문에 미워하고 싫어한다.

이 점을 살펴보기 위해서 셰익스피어의 《햄릿》을 참고할 필요가 있다. 다른 이유도 많지만 《햄릿》은 지극히 여성 혐오적인 대사로도 유명한—악명 높은—작품이다. 우선 쇼펜하우어와 달리 햄릿은 여성 자체를 혐오하지는 않았다는 점을 말해두고 싶다. 부왕이 독살당하기 전에 그는 오필리아를 무척이나 사랑하고 있었으며 이미 그녀와 약혼한 사이였다. 그녀에 대한 태도가 돌변한 것은, 숙부가 아버지를 독살했다는 사실을 알게 된 이후이다. 숙부에 대한 그의 분노는 어머니에게로 확대된다. 아버지 무덤의 풀이 마르기도 전에 서둘러서 숙부와 결혼한 어머니의 행동을 용서할 수 없는 것이었다. 어머니에 대한 분노의 불길은 여성 전체에 대한 혐오감으로 확산되기 시작한다. 모차르트의 오페라의 제목을 빌린다면 "여자는 다 그렇다Cosi pan tutte"라는 것이다. 이제 그는 오필리아가 단순히 여자라는 이유만으로 그녀와 파혼을 선언한다. 여기에서 햄릿의 여성 혐오는 부친 독살 사건으로부터 비롯된다. 만약 부친이 독살되지 않았더라면, 만약 모친이 숙부와 재혼하지 않았더라면, 그가 여성을 혐오하는 일은 없었을 것이다.

부친이 서거하기 전에는 햄릿의 가족은 행복하였다. 그는 기회가 생길 때마다 아버지가 어머니를 얼마나 끔찍하게 사랑하였는지를 기억하며 더욱 더 슬퍼하였다.* 부친은 "어머니 얼굴을 스치는 바람 한 점도 거칠세라 염려하시던 분"이었다. 그가 분통이 터지는 것은 그녀가 "한 달도 채 못 되어" 급하게 숙부와 재혼을 하였다는 사실이다. 그는 어머니가 숙부와 결혼한 까닭을 짐작할 수가 없다. 부친은 남편으로서, 인품과 인물에서, 그리고 왕으로서 숙부보다 훨씬 뛰어난 인물이었기 때문이었다. 부친이 "아름다운 산기슭의 초원"이라면 숙부는 "더러운 황무지"에 지나지 않는다. 그럼에도 불구하고 숙부와 결혼한 이유가 있다면, 그것은 거트루드의 정욕이라고 햄릿은 생각하게 된다.

> 반역스런 욕정이여! 그대는 중년 여인의 몸속에조차
> 욕정의 불꽃을 당기고 있으니, 앞에
> 정조가 초처럼 녹아버리는 것은 당연한 일.
> 찬 서리에 정욕을 식힐 나이가 되었어도,
> 이성이 정욕을 억누르지 못해 욕정의 불꽃을 태우고 있으니,
> 열정으로 불타는 젊은이가 끓어오르는 자신의 욕정에 못 이겨,

---

* 햄릿이 어머니를 성적으로—무의식적으로—사랑하였다고 분석한 프로이트의 악명 높은 오이디푸스 콤플렉스 이론은 논외로 하자.

그 불길 속에 몸을 던진다 해도 부끄러울 것은 없지.

(3막 4장)

연로한 부친에 비하면 숙부는 "이글거리는 청춘의 불꽃"이다. 그의 불꽃은 주위에 있는 모든 것을 태울 정도로 강력하다. 일찍이 현모양처였던 모친도 그의 옆에 다가서는 순간에 욕정의 불길에 휩싸이게 된다. 그녀의 욕정을 비난하는 것으로 성이 차지 않는 햄릿은 여성 전체를 비난하기 시작한다. 인구에 자주 회자되는 유명한 말 "약한 자여! 그대의 이름은 여자이니라"는 유혹에 쉽게 무너지는 여성을 향한 그의 독설이다. 여자는 이성적으로 자신을 제어하지 못하고 육체적 욕망에 무너지기 쉬운 존재라는 것이다. 만약 어머니가 숙부와 결혼하지 않았더라면 그렇게 독설을 날릴 이유도 없었을 것이다. 그는 정조를 지킬 수도 있었지만 지키지 못했던 어머니의 '행위'를 비난하고 있는 것이다.

여성에 대한 햄릿의 감정 변화는 극적이다. 처음에 사랑이었던 감정이 어머니의 재혼을 계기로 실망과 배반감으로, 그리고 마침내 혐오로 발전하였다. 이러한 감정의 변화는 숙부에 대한 그의 태도와 지극히 대조적이다. 그는 클로디어스를 혐오했다. 부친을 독살한 행동 때문에 그에 대한 혐오감이 갑자기 생겨난 것이 아니었다. 그는 처음부터 클로디어스를 혐오하였다. 그의 존재 자체가 햄릿의 혐오감을 자극했던 것이다. 그를 "더러운 황무지"라고 하지 않았던가.

혐오와 증오: 존재와 행동

혐오와 증오의 감정을 구분할 필요가 있다. 엄밀히 말하자면 어머니에 대한 햄릿의 감정은 혐오가 아니라 증오라고 말해야 옳다. 감정이 죽 끓듯이 자주 바뀐다는 사실, 그리고 양자의 경계가 자주 간과되거나 무너진다는 사실을 감안해도 그렇다. 기쁨과 쾌락, 미움과 싫음의 감정이 똑같지 않듯이 혐오와 증오 사이에도 분명한 차이가 있다.

아무 이유 없이 누군가를 무조건 싫거나 좋게 느끼는 감정을 경험해보지 않은 사람은 없을 것이다. 주는 것 없이 밉다거나 괜시리 좋다는 말도 있다. 그냥 좋아하는 감정은 사랑으로 발전하기 쉽다. 사랑에 무슨 이유가 필요하겠는가. 사랑의 유효 기간이 짧으면 6개월, 길면 1년이라는 말도 있듯이 한때 강렬했던 사랑의 감정도 식으면 잔잔한 애정이나 무관심으로 바뀐다. 그러나 갑작스럽게 중단된 사랑의 감정은 증오로 발전하기 쉽다. 사랑했던 사람이 지금까지 자기를 기만하고 이용했다는 사실을 발견하는 순간에 사랑의 감정은 배반감이나 분노, 증오의 감정에 자리를 내어주게 된다. '치정 범죄crime of passion'라는 법적 용어도 있지 않은가. 데스데모나가 자기를 배신했다는 말을 듣는 순간 분노에 눈이 멀어 오셀로는 사랑하는 아내를 살해하였다. 그녀의 배신행위가 걷잡을 수 없는 분노의 감정을 촉발한 것이다.

간혹 혼용되지만 혐오와 증오 사이에는 엄연한 차이가 있다. 강도의 차이가 아니라 개념적 차이이다. 미운 감정의 강도가 강해지면 증오감으로 발전하고 싫은 감정이 격화되면 혐오가 된다. 미움이 배가 된다고 해서 혐오가 되는 것은 아니다. 미움은 타인의 특정한 '행동'에 의해서 발생하는 감정이다. 좋은 감정을 가지고 있던 사람이라도 행동이 너무나 무례하면 미워하는 마음이 생길 수 있다. 무례한 행동이 무엇인가? 내가 가지고 있는 사회적·도덕적 기대와 규범에서 어긋나거나 벗어나는 행동을 말한다. 이 점에서 미움은 윤리적 감정이라고 말해야 옳다. 그것은 선과 악, 옳고 그름을 판단할 수 있는 인격체를 전제로 하고 있다. 때문에 인격이 없는 대상에 대해서는 미움이라는 개념을 사용하지 않는다. 송충이나 거미, 바퀴벌레를 미워한다고 말하는 사람은 없다. 벌레나 곤충은 자기가 하는 일에 대한 자의식을 가지고 있지 않기 때문이다. 그렇다면 바퀴벌레를 보기만 해도 소스라치게 놀라는 사람은 그러한 감정을 어떻게 표현하는 것일까? 그는 바퀴벌레를 싫

미하이 지치, '햄릿'(19세기 후반)

"그녀의 가슴속에 있는 양심의 가시들이 찌르고 쏘도록 두어라"

궁중을 떠돌던 선왕의 혼령은 오직 자신의 아들에게만 목소리를 내어 자신의 죽음의 전말을 들려준다. 햄릿은 숙부이자 자신의 어머니를 차지한 왕 클로디어스에 대해 복수를 다짐하는데, 정작 그가 집요하게 괴롭히는 것은 어머니인 거트루드다. 햄릿은 독백으로도, 거트루드와 대면해서도 어머니에 대한 배신감을 적나라하게 드러낸다.

어하거나 혐오한다고 말한다. 특별히 자신에게 해를 가하기 때문에 그런 것이 아니다. 그냥 바퀴벌레가 싫은 것이다. 그것의 생긴 모습, 그것이 움직이는 촉수와 동작, 그것이 바닥에서 빨아먹은 오물, 이 모든 것이 싫은 것이다. 불결하고 더럽게 느껴지는 것이다. 그것이 옷에 닿지만 해도 병균에 감염된 듯이 불쾌한 느낌에서 벗어날 수 없다. 우리의 혐오감은 바퀴벌레의 행동이 아니라 그것의 존재 자체로부터 비롯된 것이다. 당연히 이러한 감정은 도덕적 감정이 아니라 심미적인 감정이다. 이 점에서 "바퀴벌레를 증오한다"라는 말은 관용적이 아니다. "바퀴벌레를 혐오한다"라고 말해야 한다.

싫은 것과 미운 것의 목록을 만들어보자. 나는 곰팡이가 싫다. 호수에 떠다니는 과자 껍질, 맥주 캔, 도로에 떨어진 쓰레기, 이 모든 것이 보기 싫다. 특히 누군가 도로에 토해놓은 오물이나 뱉은 가래를 보면 구역질이 나올 정도로 혐오스럽다. 자기 자랑하는 사람, 지나치게 경직된 사람, 생각이 꽉 막힌 사람, 책임을 회피하는 사람은 밉다. 이런 사람들과 함께 있으면 불편하다. 어쩔 도리가 없어 잠시 있다가도 기회를 봐서 자리를 뜬다. 내가 증오하는 사람이 있을까? 미움이 지나쳐서 생각만 해도 가슴이 떨릴 정도로 증오하는 사람들이 있을까? 전두환과 노태우가 대통령 하던 시절에 나는 그들을 증오했다.

혐오와 증오가 표현된 예문을 살펴보기로 하자. 홍성원의 《남과 북》에 다음과 같은 구절이 있다. "끊임없이 명령만 하달하는 그가, 때로는 죽이고 싶을 만큼 증오스럽고 괘씸했다." 이 문장에는 증오하는 화자와 증오되는 대상의 관계가 잘 드러나 있다. 한편에 명령을 내리는 상급자가 있다면, 다른 한편에는 명령에 복종해야 하는 화자가 있다. 여기에서 증오를 혐오로 대체할 수가 있을까? 무엇보다 화자가 상급자를 죽이고 싶을 만큼 그에 대한 분노와 악감정을 가지고 있다는 점을 염두에 두어야 한다. 그렇지만 함부로 그렇게 할 수가 없다. 상급자이기 때문이다. 그렇다고 그냥 무시하고 넘어갈 수도 없다. 그러기에는 당하는 피해와 고통, 괴로움이 너무나 크기 때문이다. 그는 아무 이유 없이 상급자를 싫어하거나 혐오하는 것이 아니다. 자신에게 불이익을 주는 그의 악한 행동을 극도로 미워하는 것이다. 그렇지만 자기보다 지위가 높은 상급자이기 때문에 화를 풀 수도 없다. 자기보다 많은 권력을 가진 강자에 대해서 약자가 품는 분노의 감정이 증오다.

증오는 약자와 강자의 권력의 차이에서 발생한다. 혐오도 증오와 마찬가지의 권력 관계를 전제하고 있을까? 박완서의 『미망』에 다음과 같은 구절이 있다. "힐끔 나를 보는 그 표정엔 무슨 징그러운 동물을 보는 듯한 혐오가 있었다." 여기에서 '그'는 나를 징그러운 동물처럼 바라보고 있다. 벌레를 싫어하는 사람이 바퀴벌레를 보면서 느끼는 끔찍한 감정이 느껴지는 것이다. 마음만 먹으면 나는 바퀴벌레를 죽일 수 있다. 그렇지만 너무나 불결해서 내 손에 피를 묻히고 싶지도 않다. 내 손에 죽을 자격도 없는 비천한 존재다. 이때 혐오감은 증오와는 정반대의 권력 관계를 바탕에 깔고 있다. 혐오하는 자는 혐오의 대상보다 훨씬 우월하며 힘센 존재. 개가 짖는다고 해서 같이 짖지는 않는다는 속담도 있지 않은가. 경멸과 마찬가지로 혐오는 강자가 약자에 대해서 갖는 감정이다. "여란이는 규서의 세련되지 못한 언행이 혐오스럽기도 하고 경멸스럽기도 했다."

《남과 북》에서 하급자는 상급자를 증오하고 있다. 만약에 하급자가 자신을 증오하고 있다는 사실을 알고 있으면 상급자는 어떠한 느낌을 가질까? 그도 마찬가지로 하급자를 증오할까? 그렇지는 않다. 원한다면 하급자에게 더욱 많은 불이익과 고통을 줄 수 있는 권력을 가진 상급자가 그럴 이유가 없다. 자신을 증오하지만 내색하지는 못하고 속으로 삭히는 하급자는 얼마나 겁쟁이이고 무능하며 약골인가. 이러한 하급자를 그는 무시하거나 경멸하고 혐오할 수는 있다. 그는 단순히 약자일 뿐 아니라 비겁한 약자다.

2015년에 실제로 있었던 사건이다. 74세로 고령인

박 씨는 서울의 한 재래시장에서 45년 동안 칼을 갈며 생계를 꾸려온 이 시장의 터줏대감이었다. 그런데 2010년에 68세 여성 A 씨가 그 옆에 규모도 두 배나 큰 칼 가게를 차리면서 그의 장사가 위협을 받기 시작했다. 급기야 A 씨가 3,000만 원짜리 칼 가는 기계까지 갖추게 되자 손님이 그쪽으로 몰리면서 박 씨의 수입은 반 토막이 났다. 그래도 울며 겨자 먹기로 장사를 할 수밖에 없었다. 그러다가 어느 날 A 씨가 "닷새 동안 무료로 칼 갈아드립니다"라고 써 놓은 세움 간판을 보고서 참고 참았던 그의 분노가 폭발했다. 분했다. 그는 술을 잔뜩 마시고 취기가 돌자 A 씨를 찾아가 흉기를 휘둘렀다. 다행히 A 씨가 흉기를 쥔 박 씨의 팔목을 잡고 버티는 사이 주변 상인들이 흉기를 빼앗아 크게 다치지는 않았다고 한다.[*]

이 사건에서 박 씨가 A 씨를 혐오했다고 보기는 어렵다. 물리적 힘에서 박 씨가 여성인 A 씨보다 강자일 수 있지만 경제력과 사업 수완에서 경쟁 상대가 되지 않았다. 터줏대감인 그가 계속해서 A 씨에게 기득권을 빼앗기는 처지로 내몰렸던 것이다. 그렇지만 그는 손실을 회복할 수 있는 방법을 찾을 수가 없었다. 발을 동동 구르면서 무력하

---

[*] 기사 「70대 칼갈이 노인, 증오의 칼 갈았다가…」-〈조선일보〉
2016년 1월 11일 게재.

게 좌시하는 와중에 질시와 미움의 감정만 쌓여갔을 것이다. 그러다가 술김을 빌어서 흉기로 분풀이를 했던 것이다.

만들어지는 혐오

그러나 존재와 행동의 차이가 절대적이지 않음은 두말할 나위가 없다. 존재는 고정된 것이 아니라 계속해서 변화하는 과정이라는 점에서 행동과 맞물려 있다. 심슨과 장성택에 대해서 앞서 소개했다. 처형장에 절뚝거리며 나타난 장성택은 초췌한 불구의 모습이었다. 그렇지만 처형을 당하기 한 달 전만 하더라도 그는 북한의 최고 권력자로서 거목처럼 보이던 인물이었다. O. J. 심슨 또한 끔찍한 살인자의 모습으로 〈타임〉지의 표지를 장식하기 며칠 전만 하더라도 그는 국민의 영웅이지 않았던가. 이 점에서 역사의 지평에 놓고 보면 존재와 행동은 상호 교차적인 관계에 있다는 사실이 드러난다. 시간이 한순간으로 응결되었을 때만 존재와 행동의 차이를 구별하기가 쉬워진다. 심슨이 누구인지 사전 지식이 없는 사람이 〈타임〉지의 표지를 보았다면 그가 처음부터 범죄자였다는 느낌을 가질 수가 있다. 심슨을 본래부터 혐오스러운 인물로 보기 위해서는 비역사적인 무지의 시선, 맹목적 직관의 시선이 전제되는 것이다. 그렇지만 그러한 직관의 시선이 아주 예외적이라고 생각하면 안 된다. 우리가 대도시에서 낯선 사람들을 바라보는 시선이 그러한 무지의 시선이기 때문이다. 이러한 무지의 시선의 반대편에는 변화를 알고 있는 역사적 시선이 있다. 그러한 시선의 소유자는 본래 혐오스럽게 태어난 사람이 없다는 사실을, 혐오는 태어나는 것이 아니라 만들어진다는 사실을 잘 알고 있다.

서두에서 "사람 셋이면 멀쩡한 사람 바보 만들기는 누워서 떡 먹기"라는 말을 소개했다. 사람 셋이서 '병신' 만들기도 쉽다. 멀쩡한 사람에게 달려들어 몽둥이질을 하면 그의 사지가 부러지고 불구자가 된다. 과거 노예제 사회에서 주인들은 새로 사들인 노예가 고분고분하지 않으면 기를 꺾기 위해서 폭행과 고문을 서슴지 않았다. 여성 혐오도 마찬가지다. 아무리 순결하고 아름다운 여성도 세상에 발길질을 당하다 보면 나중에는 혐오스러운 모습으로 변한다.

〈혐오스런 마츠코의 일생〉(2007)라는 영화가 있다. 동명의 소설을 원작으로 한 이 작품은 처음에는 아름다웠던 여자가 어떻게 해서 혐오스러운 여자로 바뀌는지 그 과정을 단계적으로 보여주었다. 여주인공 마츠코는 총명하고 아름다우며 심성이 고운 데다가 인기도 많은 여자 선생님이다. 그렇지만 그녀에게도 마음의 그늘이 있다. 몸이 허약한 여동생이 부모의 사랑을 독차지했기 때문에 어린 시절부터 마츠코는 사랑에 굶주린 채 살아왔다. 그러한 이유로 그녀는 주위 사람들에게 사랑을 받으면서 살고 싶어 하는 성격의 소유자가 되었다. 정도의 차이는 있지만 누구나 사랑을 하고 또 받고 싶어 하지 않는가. 그런데 문제는, 이러한 그녀의 선의를 세상이 악용하였다는 데에 있다.

그녀를 파국으로 몰아간 첫 사건은 그녀의 선행에서 비롯된다. 학생들을 데리고 간 수학여행에서 문제 학생이던 류가 여관 주인에게서 돈을 훔친 것이다. 그녀는 류를 보호하려는 심정에서 상황을 무마하려다 얼떨결에 자기가 범인이라고 허위 자백을 한다. 학교 관계자들은 그녀의 결백을 알고 있었던 듯하다. 그러나 문제가 크게 비화될 조짐이 보이자 그녀를 해고함으로써 사건을 매듭짓는다. 그녀를 죄인으로 만듦으로써 학교는 그럴듯한 외양을 유지할 수 있었다. 이후로 그녀의 삶은 이와 비슷한 사건의 악순환에서 벗어나지 못한다. 재능은 있지만 가난하고 무기력한 시인을 뒷바라지하기 위해 자신을 희생하며 열심히 일했던 그녀에게 돌아온 대가는 발길질과 폭행이었다. 그녀 때문에 자기가 시인으로 성공하지 못했다는 악담을 퍼부으면서.

이와 같이 잘되면 자기 덕이고, 잘못되면 그녀의 탓으로 돌리는 남자들의 등쌀에 그녀는 점점 더 비참한 처지에 내몰리게 된다. 그리고 우발적이기는 하지만, 급기야는 시인과 헤어지고 나서 동거하던 또 다른 남자를 우발적으로 살인하게 된다. 그녀를 기만하고 착취하는 것으로도 모자라서 다른 여자와 이중생활을 하던 그는 거짓이 폭로되는 순간 뻔뻔스럽게도 모든 책임을 그녀에게 전가한다. 모든 것이 그녀 때문이라는 것이다. 그렇게 살인죄로 인해서 그녀는 투옥이 되고, 형기를 마치고 출옥하였지만 그녀를 기다리는 것은 더욱 더 비참한 현실의 압력뿐이다. 비참해지면 비참해질수록 그녀의 외양도 더욱 더 혐오스럽게 변해간다. 이제 삶의 희망을 잃은 그녀는 자신을 가꾸고 돌볼 필요성도 느끼지 못한 것이다. 세수도 하지 않고 머리도 감지 않는 그녀의 몰골은 더욱 흉하게 바뀔 수밖에 없다. 그러다 어느 날 이전에 함께 일했던 동료를 만난 그녀는 자기의 미용 기술을 살릴 기회를 얻게 된다. 그녀의 가슴에 희망의 싹이 다시 움트기 시작했다. 그렇지만 이 싹은 무참하게 짓밟히고 만다. 그녀가 지나가는 모습을 보고 혐오감을 느낀 불량 청소년들이 야구방망이로 무참하게 살해한 것이다.

아름다웠던 마츠코가 왜 혐오스러운 마츠코가 되었던가? 뒤르켐이 《자살론》에서 자살의 원인으로 제시한 사회적 압력이 이 질문에 단서를 던져준다. 그는 밀폐된 용기에 압력이 가해지면 어느 지점에서 용기가 폭발한다는 과학적 사실을 가지고 자살을 설명하였다. 이 세상에 완전하게 행복하고 평등한 사회는 존재하지 않는다. 누구나 똑같이 빈곤하고 불행한 것도 아니다. 불행은 사회 구성원 모두에게 균등하게 배분되는 것이 아니라 소수의 약자들에게 집중적으로 쏠린다. 이것이 사회적 압력이다. 이러한 압력이 소수의 약자들에게 자살을 강요한다는 것이다. 아름다움과 추함, 사랑과 혐오의 관계도 마찬가지이다. 세상 모든 사람들이 똑같이 아름다우며 또 똑같은 사랑을 받지는 않는다. 그럼에도 모든 사람은 남보다 더 아름답고 더욱 행복하기를 바라는 강렬한 욕망을 가지고 있다. 문제는 그러한 욕망을 충족할 수 있는 재화가 지극히 한정되어 있다는 사실에 있다. 이러한 사회에서 한 사람의 이익은 다른 사람의 손실로 귀결되기 쉽다. 그러면서 세상은 제한된 재화를 자기가 차지하기 위해 욕망과 욕망이 갈등하고 충돌하는 욕망의 전쟁터가 되어버린다. 이러한 과정에서 부익부 빈익빈의 현상이 더욱 심화된다. 재화를 가진 사람은 그렇지 못한 사람에 비해 경쟁에서 더욱 유리한 고지에 있기 때문이다. 아름다운 사람은 더욱 더 아름다워지고 추한 사람은 더욱 더 추해지는 것이다. 아름다운 사람은 결과적으로 추한 사람을 더욱 극단으로 밀어넣는 셈이다. 자신의 아름다움을 위해 타인이 희생되는 것이다. 타자의 추는 나의 아름다움, 혐오스런 타자는 사랑받는 나를 의미하게 된다.

〈혐오스런 마츠코의 일생〉에서 마츠코와 만났던 남자들은 그녀로부터 크고 작은 도움을 받는다. 마츠코가 있는

영화 〈혐오스런 마츠코의 일생〉(2007) 중에서

"얻어맞아도 괜찮아, 죽어도 괜찮아. 외톨이보다는 나아"

있는지도 몰랐던 고모 마츠코의 유품을 정리하기 위해 마츠코의 다 쓰러져 가는 아파트를 찾은 쇼는 이웃들에게 '혐오스런 마츠코'라 불리던 고모의 생애와 마주치게 된다. 병약한 동생을 더 아꼈던 아버지로부터 마음을 기댔던 모든 남자들을 온 마음으로 사랑하지만 번번이 결국 버림받고 만 마츠코. 죽는 순간까지 삶에 대한 희망을 놓지 않았던 마츠코가 과연 혐오스러운 인물이었던 것일까?

한 자기의 잘못에 대해 책임을 질 필요도 없다. 마츠코가 있는 한 자기의 손으로 직접 코를 풀 필요가 없으며 손에 오물을 묻히지 않아도 된다. 자신에 대한 혐오감을 걱정하지 않아도 좋다. 그녀를 혐오하는 것으로 충분하다. 마츠코와 여동생의 관계가 그러했다. 부모는 사랑에 목말라하는 그녀를 외면하고 병약한 동생만을 끔찍이 보살피고 끔찍이 사랑하였다. 혹시라도 마츠코에게 관심을 보이면 그렇지 않아도 가엾은 동생이 섭섭해할지 모른다는 생각에 더욱 그녀를 무시하였다. 여동생을 사랑하는 것만으로는 충분하지 않았다. 그녀에 대한 사랑을 보여주고 증명하기 위해서는 마츠코를 미워하지 않으면 안 되었다. 끔찍하지 않은가? 부모도 딸을 이용하고, 그것으로도 모자라 희생을 강요하였다. 부모는 이 세상의 축소판이었다. 누군가에 대한 사랑을 다른 사람에 대한 미움으로 증명하는 것이다.

마츠코가 사랑했던 남자들은 자신을 있는 그대로 사랑하지 못하는 사람들이었다. 그녀를 미워함으로써 자신을 사랑할 수 있는 사람들이었다. 그녀의 부모는 작은딸을 사랑하기 위해서 큰딸을 미워하지 않았던가. 시인 지망생을 비롯한 모든 남자들은 완벽하지 않고 결함과 결핍이 있는, 보수공사가 필요한 하자투성이의 남자들이었다. 이때 그러한 불완전성은 슬퍼하고 원망하고 억울해야 하는 사실은 아니었다. 신이 아닌 인간이 어떻게 완벽할 수가 있겠는가. 그런 하자투성이의 남자들과 마찬가지로 마츠코도 물론 불완전한 인간이었다. 양자 사이에 차이가 있다면, 그것은 그녀가 변명하지 않고서 자신을 있는 그대로 긍정하였다는 사실에 있다. "나는 나, 이렇게 생겼어요. 그러니 어쩌란 말예요." 그러나 남자들은 자신의 결핍을 있는 그대로 인정하기에는 지나치게 유약한 자들이었다. 아마추어 시인은 아직 시인으로 대성하지 못했지만 자신이 천재적 자질을 가지고 태어났다는 이상적인 자아상을 가지고 있었다. 가진 것 없는 가난한 남자들도 자기는 원래 부유하고 풍요롭게 살 팔자를 타고 태어났다는 이상적인 자아상을 가지고 있었다. 이러한 이상적 자아상을 뒤집어 놓으면 자기혐오가 된다. 아직도 성공하지 못하고 아직도 부유해지지 못한 자신에 대해서 혐오감을 느끼고 있었던 것이다. 그렇지만 그러한 자기혐오를 거울에서 정면으로 직시하고 인정하기에는 너무나 유약하기 때문에 거울을 다른 타자들에게 돌리는 자들, 혐오스러운 것은 자기가 아니라 타자들이라면서 자기를 위로하는 자들이었다. 혐오스러운 것은 내가 아니라 마츠코라는 것이다.

시인 김수영은 이러한 자기기만의 기제를 잘 파악하고 있었다. 그의 시 '구름의 파수병'은 "만약에 나라는 사람을 유심히 들여다본다고 하자/ 그러면 나는 내가 시詩와는 반역된 생활을 하고 있다는 것을 알 것이다"라는 구절

로 시작한다. 일상의 자기는 이상적인 시적 자아가 아닌
것이다. 또 다른 시 '어느 날 고궁을 나오면서'에서 그는 이
상적 자아와 비루한 자아의 괴리를 여지없이 폭로한다.

> 왜 나는 조그마한 일에만 분개하는가
>
> 저 왕궁 대신에 왕궁의 음탕 대신에
>
> 50원짜리 갈비가 기름덩어리만 나왔다고 분개하고
>
> 옹졸하게 분개하고 설렁탕집 돼지 같은 주인년한테
> 욕을 하고
>
> 옹졸하게 욕을 하고
>
> 한번 정정당당하게
>
> 붙잡혀간 소설가를 위해서
>
> 언론의 자유를 요구하고 월남 파병에 반대하는
>
> 자유를 이행하지 못하고
>
> 20원을 받으러 세 번씩 네 번씩
>
> 찾아오는 야경꾼들만 증오하고 있는가

　여기에서 화자는 자신이 언론의 자유를 억압하는 정
부에 대해 분연히 일어서서 정정당당하게 따져야 한다고
생각하고 있다. 그러나 나약한 그는 그렇게 할 수가 없다.
그렇다고 가만히 손 놓고 있을 수가 없었던 그는 어려운
대의명분 대신에 손쉬운 지름길을 택한다. 남대문에서 빰

을 맞고서 동대문서 화풀이를 한다는 말도 있지만 그는 서슬이 시퍼런 왕궁에 뺨을 맞고서 자기보다 힘이 없는 설렁탕집 주인에게 욕을 한다. 그에게 설렁탕집 주인은 그냥 여자 주인이 아니다. "돼지 같은 주인년"이기 때문에 욕을 먹어도 싸다. 화자는 〈혐오스런 마츠코의 일생〉의 남자들처럼 자신을 위로하기 위해서 설렁탕집 주인을 혐오스러운 타자로 만들어놓는 것이다.

여성 혐오 논쟁: 여성 혐오가 있는가?

페미니즘과 여성 혐오

앞서 혐오의 두 가지 구성 요소인 '싫다'와 '미워하다'에 착안해서 여성 혐오의 문제에 접근하였다. 자신을 이성이나 영혼과 동일시하는 남성은 여성을 통해서 육체를 바라보는 경향이 있다. 그리고 현재의 자신에 만족하지 못하는 남자들은 그러한 불행의 원인을 여성의 탓으로 돌리는 경향이 있다.

그렇다면 페미니스트들이 말하는 여성 혐오란 무엇일까? 남자들이 이해하는 여성 혐오와 여성들이 정의하는 여성 혐오 사이에는, 딱 부러지게 규정하기 어려운 편차가 존재한다. 2016년 5월 18일 강남역 근처 화장실에서 발생한 여성 살해 사건을 놓고 벌어진 공방전이 그러한 편차를 확대해서 보여주었다. 화장실에서 기다리고 있다가 맨 처음 마주친 여성을 흉기로 찔러 살해했던 범인은 경찰 조사에서 "피해 여성과는 모르는 사이였고 그저 여성들에게 무시를 당해 범행을 저질렀다"라고 범행 동기를 밝혔다. 그냥 여성들이 싫어서 살해했다는 것이다. 범행 자체보다는 그러한 동기가 일파만파 평지풍파를 일으켰다. 그렇지 않아도 성폭행이나 성추행 등, 여자라는 이유로 남성의 권력과 완력 앞에서 속수무책이던 여성들이 마치 자기가 당한 일인 듯이 섬칫한 두려움과 공포를 느꼈던 것은 당연한 일이었다. 여성이라는 이유로 살해당할 수 있다니! 그냥 개인적으로 삭히기에는 이 사건이 여성들 전체에게 가한 충격과 분노가 너무나 컸다. 이때 '여성 혐오'라는 용어는 그러한 여성들의 충격과 분노, 슬픔, 공포, 저항감 등의 다양한 감정을 한꺼번에 담아주는 구호가 되었다. 이후로 '그것이 여성 혐오 범죄인가 아닌가?'라는 질문을 둘러싸고 논쟁이 뜨겁게 가열되었다. 그리고 '여성 혐오란 무엇인가?'라는 질문으로 논쟁이 확대되었다.

우리나라 독자들에게 비교적 잘 알려진 《여성 혐오를 혐오한다》에서 우에노 치즈코는 남성이 여성을 자신과 동등한 성적 주체로 인정하지 않는 태도를 여성 혐오로 규정하였다. 사실 앞서 살펴봤듯이 이러한 태도는 서양철학 전체를 관통하는 전형적인 남성 우월적 관념이다. 여성을 자신과 동등한 성적 주체로 인정하지 않는 남자는 여성이라는 타자를 열등한 존재로 비하하며 성적으로 대상화하는 경향이 있다. 이를테면 백제의 의자왕이 삼천궁녀를 바라본 태도가 여성 혐오의 본질이다. 흥이 나면 때와 장소를 가리지 않고 왕은 궁녀를 부를 수 있었다. 그렇지만 궁녀는 왕이 윤허해주지 않으면 감히 고개를 들어 왕을 바라볼 수도 없다. 주제넘게 왕에게 먼저 말을 건넨다면 괘씸죄에 몰려 심하면 사형까지 각오해야 한다. 만에 하나 왕의 성은을 입었더라도 왕이 부르지 않으면 먼저 다가설 수가 없다. 우렁이 각시가 되어야 하는 것이다. 필요할 때는 곁에 두지만 그렇지 않으면 눈에 띄지 않아야 한다. 이러한 우에노의 진단을 우리가 수긍할 수 있을까? 무소불위의 왕이 아니더라도 부와 권력을 움켜쥔 남자라면 그러한 특권을 누릴 수 있을는지 모른다. 그렇지 않은 남자들이 여성을 그렇게 성적으로 비하하고 대상화할 수 있을까?

우에노가 이러한 반문을 예상하지 못했던 것은 아니다. 자신이 정의한 여성 혐오에 대해서 수많은 남자들이 이와 같이 의문을 제기했기 때문이다. 이에 대한 그녀의 대답은 지극히 구조주의적이다. 여성 혐오는 의식의 표면보다는 무의식의 심해에서 일어나는 현상이다. 그것은 몸에 배어 있는 습관, 즉 아비투스라고 해야 옳다. 대부분의 남성은 자기가 여성을 업신여기기는커녕 좋아하며 환심을 사기 위해 안달하고 있다고 생각한다. 우에노도 이 점을 충분히 인정하고 있다. 그렇지만 그녀는 그와 같은 남성의 관심과 애정이 여성을 자기와 동등한 인격체로가 아니라 성적 대상으로 바라보고 있다는 증거라고 생각한다. 여성을 인격체로 존중한다고 생각하는 남자들조차도, 가부장적 전통에 자라면서 자기도 모르게 몸에 깊이 각인된 남성 우월적 태도에서 여전히 벗어나지 못하고 있다는 것이다. 혐오는 의식이나 감정이 아니라 가부장적 구조의 문제이기 때문이다. 이 땅에 태어나서 남자가 남성으로 성장하는 문화적 토양 자체가 남자를 여성 혐오자로 만든다고 해도 과언이 아니다. "남성으로서의 성적 주체화를 달성하기 위해 여성 멸시를 정체성의 핵심 깊은 곳에 위치시키고 있으며 그것이 바로 여성 혐오"라는 것이다. 다시 말해 '나는 여성이 아니다'라는 부정적 자기 규정이 곧 남성의 본질이 된다.

《혐오와 수치심》의 저자 마사 너스바움의 입장도 우에노 치즈코와 다르지 않다. 너스바움은 여성 혐오는 곧 여성의 대상화라고 본다. 남성은 여성을 자신의 욕망 충족을 위한 수단이나 도구로, 즉 언제라도 사고팔 수 있는 상품처럼 취급한다는 것이다. 그러한 상품으로서의 여성은 자율성이나 인격, 주체성이 없으며, 언제라도 다른 상품으로 대체가 가능하다. 그렇지 않으면 어떻게 남성이 여성을 짓밟고 무너뜨리고 모욕하며 능욕을 가해도 괜찮다고 생각하겠는가? 과연 남성이 그러한가? 그녀는 그 증거를 포르노에서 찾는다. 포르노는 남성의 쾌락을 위해서 여성을 성적 대상으로 만드는 극적 공간이다. 여기에 재현된 여성은 오로지 남성을 위해, 남성에 의해서 존재할 따름이다. 포르노가 현실과 전혀 다른 세계라고 생각하면 안 된다. 남성의 현실과 포르노 사이에 차이가 있다면, 후자는 전자의 내면에 내재된 욕망을 극적이고 적나라한 형태로 보여줄 따름이다. 그리고 저널리스트이자 페미니스트 활동가인 로빈 모건은 포르노는 이론이고 강간은 실천이라고 주장하기까지 했다. 성적 대상화가 강간으로 발전할 수 있다는 것이다.

우에노 치즈코와 마사 너스바움이 정의한 여성 혐오는 혐오라는 감정보다는 그것이 발동하는 구조에 초점을 두고 있다. 성차별과 권력 구조에 따른 것이지 개인적 호오의 문제가 아니라는 것이다. 감정과 구조 사이의 이러한 괴리를 염두에 두지 않으면 여성 혐오의 본질을 놓치게 된다는 지적도 있다. 2016년 총선 당시 정의당 선거 캠페인 송으로 사용된 중식이 밴드의 노래에 대한 '여성 혐오' 논란이 번지자, 밴드 리더가 "나는 여성을 싫어하지 않으며 여자 친구도 있다"라고 반응한 것은 이와 같은 괴리의 단적인 사례다.

이러한 구조적 설명에 따르면 이유와 동기 여하를 막론하고 강남역 인근에서 발생한 살해 사건은 여성 혐오로 보아야 옳다. 성적으로 대상화하지 않았다면, 또 사기가 당한 모욕을 분풀이하기 위한 수단으로 삼지 않았다면 가해자가 어떻게 무고한 여성을 잔인하게 살해할 수가 있었겠는가? 그와 같이 극단적이지는 않지만 지하철에서 여자들을 흘낏거리는 남자들도 여성 혐오자다. 마음속으로 그들이 매력적인지 아닌지 외모를 품평하고 있기 때문이다. 대상화하지 않는다면 어떻게 품평을 할 수가 있겠는가. 그리고 지금은 많이 사라졌지만 과거에 운전이 서투른 여성을 보면 "집에서 밥이나 할 것이지" 하고 삿대질하던 남성들의 태도도 여성 혐오적이다. 중식이 밴드의 리더와 마찬가지로 이러한 사람들도 여성 혐오자라는 비난에 직면하면 자기는 절대로 여성을 싫어하지 않으며, 좋아하는 여자 친구도 있거나 결혼해서 아내와 딸도 딸린 몸이라고 대답할 것이다.

이와 같이 여성 혐오가 구조와 제도의 문제로 설명되기 시작하면 자신의 생각이나 감정과 상관없이 모든 남성들은 여성 혐오자라는 혐의에서 자유롭지 못하게 된다. 이미 많은 페미니스트들이 지적한, 여성을 천사 아니면 창녀로 이분화하는 태도, 된장녀니 무개념녀 등으로 여성에게 낙인을 찍는 행위도 여성 혐오의 전형적인 사례가 된다. 그리고 《신곡》에서 베아트리체를 통해 구원의 여성상을 제시했던 단테, 《파우스트》에서 "영원한 여성성"을 찬양했던 괴테를 비롯해서 모나리자를 통해 여성성을 표현했던 다빈치도 여성 혐오주의자가 된다. 예술 자체, 아니 문화 전체가 여성 혐오로 오염되어 있다고 할 수 있다. 여성에게 사랑과 위로를 기대하는 평범한 남자들이라고 예외일 수 없다.

이러한 이유로 황현산은 다음과 같이 여성 혐오의 범위를 확대하였다. "여전히 바뀌지 않은 남성 중심 사회에서 우리가 어머니에게, 아내에게, 직장의 여성 동료에게, 길거리에서 만나는 여성에게, 심지어는 만나지도 못할 여자들에게 특별히 기대하는 '여자다움'이 사실상 모두 '여성 혐오'에 해당한다."* 정말 그러한가? 그의 말은 나에게 여성 혐오의 정의가 아니라 고해성사처럼 들린다.

여성 혐오의 정체

여성 혐오를 가부장적 구조로 설명하는 것이 과연 바람직한가? 그것은 복잡하게 엉클어지고 꼬인 사안을 단칼에 잘라서 보여주는 장점을 가지고 있다. 그러나 그러한 명쾌한 정의는 결코 속 시원하게 풀릴 수 없는 사안의 애매하고 복잡한 성격을 무시하지 않으면 불가능하다. 무엇보다도 구조라는 개념 자체가 지극히 애매모호하다. 무엇이 구조인가? 구조는 눈에 보이지는 않는 사회의 작동 원리다. 인간관계에서 그것은 "일정한 사회관계에서, 지위와 역할에 따라 상호 의존적으로 관계하는 개인이 행동할 수 있는 범위나 행동 양식을 정해주는 사회적 정의나 틀", 혹은 개인에게 내면화된 행동과 관계를 지배하는 문법으로 이해될 수 있다. 유전자가 해독됨으로써 도토리가 참나무가 되듯이 남자와 여자는 가부장적 구조에 의해서 남성이 되고 여성이 된다는 것이다. 신생아가 남아라면 파란색의 배내옷을, 여아라면 분홍색의 배내옷을 입는다. 그리고 남자아

---

*   기사 「'여성 혐오'라는 말의 번역론-황현산」-〈한겨레〉 2016년 9월 8일 게재.

이는 총과 칼을 가지고 놀면서, 여자아이는 인형을 가지고 놀면서 성장한다. 이러한 문화의 차이를 가부장적 구조의 결과로 설명할 수 있을까? 이러한 문화 결정론이 어느 정도 설득력을 갖는다는 사실을 부정할 수 없다. 전쟁놀이를 좋아하는 여자아이나 인형 놀이를 좋아하는 남자아이가 있다는 사실을 감안하더라도 그것은 성적 정체성이 형성되는 과정을 훌륭하게 설명해주는 장점을 가지고 있다.

그러나 구조적 설명이 가진 치명적 단점이 간과되어서는 안 된다. 사회적 변동을 설명해줄 수 없다는 것이다. 20세기 중반 이후 남녀 관계의 지형만큼 혁명적이고 극적으로 변한 사회적 변동도 없을 것이다. 어제의 남성과 여성을 생산했던 구조가 오늘의 남성과 여성을 설명해줄 수 있을까? 과연 100년 전의 사회도 근본적으로 1,000년 전의 사회와 마찬가지로 가부장적이었으며, 현재도 100년 전과 마찬가지로 가부장적일까? 수많은 사회·경제·정치적 변화에도 불구하고 변치 않는 역사의 항수가 여성 혐오일까? 만약 그렇게 생각한다면 남녀의 권력 관계와 역사를 설명하려는 시도가 정작 권력과 역사의 뇌관을 제거해버리는 결과가 초래될 것이다.

이러한 구조주의적 한계를 의식한 일부 페미니스트들은 구조의 구조성을 근본적으로 파기하지 않는 범위 안에서 변화를 수용하는 타협안을 모색하였다. 배내옷의 예를 들기로 하자. 전통적으로 배내옷은 남녀의 구분이 없는 흰색이었지만 언제부터인가 파랑과 분홍색의 두 종류가 등장하더니, 현재에는 연두색, 커피색, 블랙 화이트 등 다양한 색상과 디자인이 선을 보이고 있다. 언제부턴가 '유니섹스unisex'라는 용어도 유행하고 있지 않은가. 아무튼 이러한 다양한 색상은 남녀의 이분법적 구조로 간단히 설명되지 않는다. 이러한 난관에서 벗어나기 위한 방법의 하나는, 남녀 양성의 구도에 또 하나의 성을 추가하는 것이다. 남성과 여성이라는 양 극단 사이에, 양자에 속하지 않으면서도 동시에 양자에 속하는 중간 지대를 설정할 수가 있다. 예컨대 유니섹스는 트럼프에서 자유 패wild card와 비슷하다. 그것은 모든 위기를 단칼에 해결해주는 만능패, 데우스 엑스 마키나다.

　나는 역사적 변화의 지평으로 여성 혐오를 올려놓지 않으면 그러한 논의 자체가 무의미하다고 생각한다. 지나치게 구조주의적인 접근은, 왜 여성 혐오가 한국사회에서 2015년에 지배적인 정동이 되었는지에 대해서 설명을 해주지 못한다. 왜 가부장적 제도가 공고했던 과거가 아니라 강력한 사회경제적 도전에 직면해서 마지막 숨을 내쉬고 있는 현재에 여성 혐오의 정서가 대두되었는가?―이 말에 동의하지 않는 페미니스트들이 많겠지만 말이다. 과거에는 가부장제 사회에서는 여성 혐오가 너무 당연한 자연의 이치였기 때문에 이에 대한 반발도 불가능했다. 그런데 그러한 구조가 도전에 직면해서 흔들리고 파열음을 내기 시작하면서야 비로소 혐오의 감정이 수면으로 떠오르게 되었다. 의식하지 못했던 차별이 의식의 대상이 된 것이다. 이러한 의식화의 의미는 아무리 강조해도 지나치지 않을 것이다. 의식의 대상이 되는 순간 여성 혐오는 비판과 저항, 전복의 세력에 고스란히 노출되기 때문이다. 혐오의 주체였던 남성들도 마찬가지이다. 여성 혐오는 과거만큼 강고하지 않다는 반증이다. 남성들도 그러한 자신의 행동을 새삼 의식하게 되었기 때문이다. 그 필연적인 결과로 우리는 과거에 보편적이던 여성 혐오가 이제 국지적이며 부분적인 현상으로 바뀌게 되었다.

성희롱의 예를 들어보자. 그것이 관행이었던 과거에는 성희롱의 가해자 남성이든 피해자 여성이든 거기에 성적 수치나 모욕의 의미를 부여하지 않았다. 최근에 한 교수가 수업을 듣는 여학생에게 "술집에서 술이나 따르지 왜 공부하냐?"라고 말한 사건이 있었다. 학생에게 무심코 건넨 "참 이쁘다"라는 말도 성희롱으로 간주되는 시대에 그런 성적 발언이 그냥 넘어갈 리 없었다. 국가인권위원회가 그 교수에게 제재를 가했음은 물론이다. 그 교수는 나름대로 학생에게 무언가 지적할 사항이 있어서 그랬다고 항변할 수도 있을 것이다. 그럼에도 그 여학생이 성적 수치심을 느꼈다는 점에서 변명의 여지가 없다. 이와 비슷한 사례를 열거하자면 끝이 없을 것이지만, 마지막으로 하나만 소개하기로 하자. 1970년대 이전에는 해외를 여행하던 할머니들이 현지인 남자아이를 보고 예뻐한답시고 고추 좀 보자며 바지를 내렸다가 성추행으로 고소당한 사건들이 심심치 않게 있었다. 그 당시 우리나라에서 팔십을 넘긴 할머니들은 손자처럼 어린 아이를 만나면 귀여워한다고 하는 행동의 하나가, '많이 컸나 보자' 말하면서 바지춤에 손을 넣는 것이었다. 그것이 성희롱이라는 자의식이 전혀 없었던 것이다. 이제 그러한 과거의 관행은 발각되면 큰일 나는 성범죄가 되었다.

남성성의 쇠퇴와 여성 혐오

사회는 급속하게 변하고 있다. 과거에 없었던 세대 차이라는 것도 생겨났다. 엄청난 테크놀로지와 정보의 발달로 인해서 조부모는 물론이고 부모와의 감정 소통도 더욱 더 어려워지고 있다. 인간의 변화가 기술의 변화 속도를 따라잡지 못하는 것이다. 무어의 법칙이라는 것이 있다. 마이크로칩의 밀도가 18개월마다 두 배로 늘어난다는 법칙으로, 이에 따라 불과 2000년대 초반까지도 사용되었던 플로피 디스크는 USB에 밀려나 이제 더 이상 주위에서

볼 수가 없게 되었다. 플로피 디스크가 엄청나게 향상된 메모리의 USB로 재탄생한 것이다. 그렇지만 인간은 한 번 가지고 태어난 몸을 죽을 때까지 가지고 간다. 기술의 변화 속도를 따라잡을 수가 없는 것이다. 남녀 관계의 변화도 마찬가지다. 조부모의 세대와 부모의 세대, 그리고 자녀의 세대에 있어서 남녀가 성적으로 관계하는 방식은 혁명적인 변화를 겪었고 아직도 진행형이다. 이때 이러한 질문을 던질 수가 있다. 도대체 우리는 누구의 시선으로, 어느 세대의 시선으로 남녀의 차이를 바라보는 것일까? '육식녀'나 '초식남'과 같은 새로운 사회적 현상을 부모 세대가 이해할 수 있을까? 결혼을 하지 않은 이들을 한꺼번에 지칭했던 미혼未婚이라는 말이 가치 판단을 배제한 비혼非婚으로 대체되고 있는 현실이지 않은가.

세대 차이를 언급한 이유는, 여성 혐오가 그러한 차이와 맞물려 있기 때문이다. 군 가산점 제도의 폐지가 여성 혐오 논쟁에 불을 지폈다는 사실을 기억할 필요가 있다. 이때 논쟁에 뛰어든 것은 십 대 중후반과 이십 대의 남자들이었다. 인터넷, 핸드폰과 함께 성장한 십 대, 이십 대 남자들이 주로 일베를 중심으로 여성 혐오 발언을 확산하고 유포했다는 것도 기억할 필요가 있다. 메갈리아를 중심으로 그러한 여성 혐오를 남자들에게 되돌려주는 '남성 혐오' 담론의 참여자도 비슷한 연령대의 여성들이었다. 이러한 논쟁에 전제된 기본적 정서는 군 가산점 제도 폐지를 둘러싼 공방전과 크게 다르지 않았다. 그것은, 가부장제의 남녀 구조가 젊은이들 사이에서 전복되어 있다는 정서다. 과거 윗세대의 남성들이 명실상부하게 가부장제도의 특권적 수혜자였다면 이제 그것의 껍데기만 남은 현실에서 자기가 남자이기 때문에 오히려 불이익을 보고 있다고 생각하는 남자들이 있었던 것이다. 군 가산점 제도의 폐지는 남성적 특권의 폐지를 의미하는 상징적 사건이다. 여성 혐오에 가담한 많은 남자들은, 여성들이 그러한 특권을 빼앗은 것으로 만족하지 않고 아직도 자기네들에게 과거와 같은 남성적 책임과 의무를 요구하고 있다고 느끼고 있다. 여성 혐오의 바닥에 깔린 정서는 남성적 우월감이 아니라 패배감이다.

자기가 여성에 비해 불리한 처지에 있다고 믿는 남자들이 적지 않다. 직업 시장이 아니라 적어도 결혼 시장과 성비에 있어서는 이러한 불만은 어느 정도 근거가 있다. 과거에 비하면 지금의 남자들이 훨씬 불리한 처지에 있기 때문이다. 결혼 빙하기니 싱글 공화국과 같은 신조어는 괜한 것이 아니다. 통계 자료를 보면, 1990년에 남녀 2퍼센트대였던 미혼율이 2010년에 크게 증가했다. 놀랍게도 남성이 20.1퍼센트로 11.8퍼센트의 여자를 크게 앞질렀다. 여성의 미혼율이 여섯 배 증가하는 사이에 남성의 경우 열배로 증가한 것이다. 현재 결혼 적령기에 속하는 1980년대에 출생 남성과 여성의 비율은 118 대 100이다. 2028년에는 결혼 적령기 여성 100명당 남성의 수는 120~123명으로 증가할 것이라는 전망도 나오고 있는 실정이다.* 남자 여섯 명 중 한 명은 짝을 못 찾는 것이다. 남자들은 짝을 구하기가 '하늘의 별 따기'만큼이나 어려운 시대에 살고 있는 것이다. 남아를 선호했던 과거의 오랜 관행과 비교해 보면 얼마나 커다란 변화인가. 1980년대에 태아의 성별을 감별하여 여아를 선택적으로 중절했던 적이 있었다. 그러한 남아 선호 사상이 지금 남성들이 짝을 고르는 데에 악재로 작용하고 있는 것이다. 그 결과 결혼이나 연애를 아예 포기하는 남자들이 급증하게 되었다.

자기가 여성에 비해서 유리하고 우월한 위치에 있는 것은 아니라는 남자들의 인식을 빼놓고 여성 혐오를 설명할 수 없다. 물론 지나치게 남자들에게 유리했던 사회적·제도적 조건은 더욱 더 바뀌어야 한다. 이러한 변화는 기회가 균등한 사회를 만들기 위해서 매우 바람직한 변화다. 그러한 정당성에도 불구하고 어찌되었든 많은 남자들이 과거에 점유했던 특권적 지위를 상실하고 있다는 박탈감을 안고 있는 점은 부정할 수 없다. 그리고 여성들이 자기가 차

* 기사 「남아 선호 후유증… 2028년부터 '결혼빙하기'」-〈조선일보〉 2016년 12월 8일 게재.

지해야 할 몫을 빼앗아 간다고 생각하면서 여성에 대한 반감과 분노의 감정에 휩싸일 수도 있다. 그리고 자기 자신에 대한 연민의 감정도 없지 않을 것이다. 과거 기득권의 상실을 생각하면 현재의 자신이 가엾게 느껴지는 것이다. 그러면서 다른 한편으로는 더 이상 여성들에게 자기의 몫을 빼앗기지 않겠노라는 다짐도 할 것이다. 문제는, 이러한 복합적 감정을 혐오로 압축해서 표현할 수 있는가 하는 것이다.

혐오는 약자의 감정이 아니라 강자의 감정이다. 그것은 열등감과 패배감의 표출이 아니라 우월감과 자만심의 표출이다. 약자는 불의하지만 힘이 센 권력자에 대해서 혐오가 아니라 분노와 증오의 감정을 가진다. 눈에는 눈, 이에는 이, 힘이 있다면 자기에게 위해를 가한 권력자에게 대적해서 복수를 하고 싶지만 애석하게도 그럴 능력이 없다. 이와 같이 행동으로 옮길 수 없는 무기력한 분노에 대한 자각은 굴욕감을 준다. 그러한 공격적 충동이 부글부글 끓어오르지만 밖으로 표출할 길이 없어 안으로 삭혀야 하는, 그럼에도 사라지지 않고 계속 쌓여가는 감정, 이것은 전형적인 약자의 감정으로서의 증오다. 자기 힘으로는 어쩌지 못하고 다만 그놈이 벼락 맞아 죽기만을 바랄 따름이다. 이때 권력자는 약자의 그런 감정을 눈치챌 수 있다. 그러나 알아도 개의치 않는다. 자기에 도전하거나 복수하기에는 그가 너무나 무기력하고 나약하다는 사실을 잘 알고 있기 때문이다. 한마디로 겁쟁이이다. 자기를 머리끝까지 증오하면서도 일어나서 맞서지 못하는 겁쟁이를 두려워할 필요가 없는 것이다. 강한 상대라면 두려운 감정이 앞설 수도 있다. 그러나 그는 무기력한 약자에 대해서 다만 경멸감을 느낄 따름이다. 무시하고 경멸하는 것으로 충분한 것이다.

그렇다면 여성을 혐오하는 남자는 약자가 아니라 강자일까? 일베의 아지트에서 여성 혐오 발언을 일삼는 남자들이 과연 루저일까? 자신을 루저라고 생각하는 남자들일까? 그리고 자신을 루저라고 느끼는 남자들이 실제로 루저일까? 이러한 질문에 대답하기는 쉽지 않다. 그럼에도 분명한 것은, 남자들이 과거의 기득권과 특혜를 상실하고 있다는 박탈감의 발로가 여성 혐오로 표출되고 있다는 사실이다. 여성 혐오는 특정한 여성 개인에 대한 주관적 감정의 표출이 아니라 사회적 변화가 집단적으로 반영된 현상이다. "이들의 위치가 몇 년 전부터 중요한 문화 코드로 등장한 '루저 문화'라는 테두리 안에 있다."* 한 남자 개인이 아니라 남자 전체가, 한 여자 개인이 아닌 여성 전체에 대해서 갖고 있는 정서적 태도인 것이다. 이 점에서 어떤 특정 여성 혐오자가 과연 루저인가 아닌가 하는 질문은

---

* 윤보라, 「일베와 여성 혐오: "일베는 어디에나 있고 어디에도 없다"」, 《진보평론》 제57호, 진보평론, 2013.

에드바르 뭉크, '마라의 죽음'(1907)

팜 파탈, 남성을 죽이는 여성

뭉크의 연인 툴라 라르센은 끊임없이 결혼을 요구하지만, 이전의 실패한 연애들로 인해 여성에 대한 불신이 깊었던 뭉크는 그녀의 구혼을 거절하다 이별을 결심하기에 이른다. 이에 툴라 라르센은 권총으로 자살 소동을 벌이는데, 이를 말리던 과정에서 뭉크의 손가락이 관통상을 입게 된다. 이 충격은 뭉크 자신을 마라에, 툴라 라르센을 샤를로트 코르데에 빗댄 '마라의 죽음'에서 남성을 죽이는 여성의 이미지로 구현되었다.

올바른 질문이 아니다. 중요한 것은, 남성이 무기력해지고 있다는 사회적 공감대다. 이러한 사회적 공감대가 자신을 밀어주지 않는다면 감히 여성 혐오 발언을 할 수가 없을 것이다. 설혹 가능하더라도 여성 혐오라는 사회적 정동으로 발전하지는 않았을 것이다.

　　루저 문화의 한 예로 2009년 11월 KBS2 오락프로그램 〈미녀들의 수다〉에서 우발적으로 튀어나온 '남자 루저' 발언을 들 수 있다. 이것이 대서특필되었다는 사실 자체가 나에게는 충격적이었다. 그냥 웃어넘겨도 좋은 가벼운 발언이 거센 후폭풍을 몰고 온 것이다. 외모 지상주의라는 용어가 범람하는 현실이 말해주듯이 남녀의 외모는 분명 무시할 수 없는 경쟁과 성공의 한 요소다. 굳이 〈미녀들의 수다〉에서 해당 발언을 한 여대생이 아니더라도 누구나 "키는 경쟁력이며 키 작은 남자는 루저라고 생각"할 수 있다. 더구나 진지하고 심각한 자리가 아니라 자리가 오락 프로그램에서 발언한 내용이었다. 실제로 신장과 연봉, 사회적 성공의 상관관계를 분석한 사회학자의 논문도 적지 않다. 익명의 다수 고객을 상대하는 직업일수록 키 큰 남자가 성공할 확률이 그렇지 않은 남자에 비해 높다고 한다. 여기에서 중요한 것은 그 여대생의 평범한 한마디 말이 아니라 그것이 일파만파 가져온 엄청난 효과다. 그렇게 민감한 반응 자체가 매우 증상적이었다. 남자의 사회적 우위가 확고한 사회라면 그런 말이 가벼운 농담거리로 취급될 것이 분명하다. 그러나 2000년대의 남자들은 그러한 여유를 더 이상 가지고 있지 않다. 그리고 자신도 외모에 의해서 평가되고 있다는 사실을 잘 알고 있다. 이 점에서 루저 발언에 대한 남자들의 반응은 혐오가 아니라 분노라고 말해야 옳다.[*]

이러한 사회적 상황을 감안하면 나는 여성 혐오라는 용어가 적절하지 않다고 본다. 혐오가 아니라 분노나 증오라고 말해야 옳다. 나는 미소지니도 우리말로 여성 혐오가 아니라 여성 비하로 옮기는 것이 더욱 적절하다고 생각한다. 가부장적 사회에서 여성 비하는 구조적이고 제도적인 것이었다. 여성을 열등한 존재로 취급하는 사회적 구조가 개인의 의식으로 내면화되어 나타난 언행이 여성 비하의 본질이다. "암탉이 울면 집안이 망한다"라거나 "남자는 하늘이고 여자는 땅"이라는 속담은 현실을 구성하는 원리였다. 그와 같이 자신의 우월성을 보장해주었던 가부장적 지지대가 무너지면 남자들은 여자를 비하할 수 있는 특권도 동시에 상실한다. 버지니아 울프는 《자기만의 방》에서

---

[*] 참고로 키 작은 남자는 루저라는 발언에 대해서 남자들만 분노했던 것은 아니었다. 오히려 더 많은 숫자의 여성들이 그것을 비난하였다. 사람을 외모로 평가하는 사회적 관행에 여성들이 오랫 동안 피해자였으며 그것이 당연하다고 내면화해왔기 때문이었다.

역사적으로 여성은 남성을 실제보다 두세 배 크게 보이도록 만들어주는 확대경의 역할을 해왔다고 지적하였다. 지금도 많은 남성들은 여성들이 자신을 그렇게 확대해서 봐주는 과거의 관행에서 크게 벗어나지 못했다. 자신을 있는 그대로 보기를 싫어하는 것이다. 그 결과 자신이 축소당하는 느낌이 들면 엉뚱하게 여성을 비난하고 싶은 충동에 젖기도 한다.

여성 혐오의 해부: 성적 대상화

여성 혐오의 본질을 성적 대상화에서 찾는 학자들이 적지 않다. 과연 여성을 대상화하는 것이 곧 여성 혐오일까? 나는 대상화나 타자화가 여성 혐오의 조건이라는 말에는 동의하지 않는다. 그것은 인간의 경험의 보편적 구조이기 때문이다. "나는 나이고 나는 너가 아니다"와 같이 간단한 문장부터 이미 주체와 타자의 대립을 설정하고 있다. 내가 보고 있는 그(녀)는 나의 경험의 대상이자 타자다. 우리는 타자에 둘러싸여서 살고 있다.

그렇다고 우리가 관계하는 모든 사물이나 대상을 타자로 지각한다는 것은 아니다. 아버지와 어머니를 생각해보자. 부모를 대상이나 타자로 볼 수가 있을까? 물론 가능하기는 하다. 부모의 초상화를 그리는 화가는 부모를 대상으로 세워놓지 않으면 안 된다. 그렇지만 일상 삶의 현장에서 부모는 대상화되지 않는다. '우리'라는 가족의 공동체에 함께 있기 때문이다. 친구나 이웃도 마찬가지다. 우리는 그를 대상이 아니라 친구나 이웃으로, 즉 인격적 주체로서 바라본다.

밖에 있던 타자가 우리의 공동체 안으로 들어오는 낯선 상황에서 이방인은 대상으로 지각이 된다. 모르는 타자이기 때문에 그의 인상과 생김새, 옷차림과 같이 물질적인 특징이 눈에 들어오게 된다. 그가 믿어도 좋은 사람인지 아닌지 판단도 해야 한다. 그의 외모나 언행이 혐오감을 자극할 수도 있다. 부스스한 머리를 하고 술 냄새를 풍기며 비틀거린다면 이맛살을 찡그리지 않을 사람은 별로 없을 것이다. 그러나 외모도 단정하고 예의가 바른 사람이라면 좋은 인상을 줄 것이다. 이러한 과정을 거쳐서 그가 우리 공동체의 일원이 되면 우리는 더 이상 대상으로 그를 바라보지 않는다. 그는 타자가 아니라 친구가 되는 것이다. 일단 친구가 되면 외모로 그의 모든 것을 판단하지는 않는다. 만약 그가 술에 취해서 인상불성이 되었다면 손가락질 하는 대신에 그에게 무슨 사정이 있겠거니 하고 되레 걱정을 해주는 식이다.

타자와 만남이 처음으로 이루어지는 자리에서는 외모가 각별한 중요성을 갖는다. 첫 인상을 가지고 우리는 다른 사람을 판단하고 평가하기 때문이다. 아무렇게나 옷을 걸치고 다니는 사람도 타지에서 낯선 타인들과 만날 때에는 외모에 각별히 신경을 쓰게 된다. 보이는 것이 자신의 전부이기 때문이다. 이때 우리는 호감은 아니더라도 남에게 혐오감을 주고 싶지는 않기에 외양을 꾸미게 된다.

과거의 촌락 사회에서는 고향을 벗어나야만 낯선 사람들을 볼 수 있었다. 그러나 현대 대도시에서는 타자의 존재가 삶의 일반적 조건이 되었다. 우리는 심지어 옆집 사람이 누구인지도 모르며 또 알고 싶어 하지도 않는다. 이웃을 알게 되면 피곤하다고 생각하고 가급적 거리를 두려는 사람들이 대부분이다. 심지어 이웃과 어쩌다 눈길이 마주쳐도 인사를 하는 대신에 재빨리 시선을 거두기도 한다. 타인이 자기를 간섭하거나 참견하지 않고 가만히 놔두기를 바라는 것이다. 그래서 대도시의 사람들은 남에게 호감을 주지는 않더라도 호기심을 자극하거나 혐오감을 주지 않는 외모와 언행을 유지하려고 한다. 낯선 사람들과의 익명적인 관계에서는 외모가 전부이지 않은가. 아무튼 우리는 호기심이나 혐오감의 대상이 되기를 원치 않는다. 달리 말해 대상화되기를 원치 않는 것이다.

이와 같이 모두가 모두에 대해서 타자인 익명적인 환경에서 우리는 개인으로 보이는 것이 아니라 유적 존재로 보이게 된다. 세련돼 보이거나 투박해 보이고, 돈이 많아 보이거나 가난해 보이고, 학생처럼 보이거나 공무원처럼 보인다. 그리고 남자들에게 복동이 엄마는 복동이 엄마가 아니라 여자라는 성으로, 즉 성적 대상으로 보이게 된다. 성적 욕망도 자극할 수 있다. 물론 욕망이 반드시 성적으로만 제한되지는 않는다. 소매치기라면 지갑이 두툼한 사람이 욕망의 대상이 되고, 포교하는 사람에게는 순박하게 보이는 사람이 욕망의 대상이 된다.

　다시 말하지만 처음 보는 물건을 신기하게 보듯이 우리는 낯선 타자를 대상으로 바라본다. 그의 보이지 않는 마음이나 인격이 아니라 보이는 외모만 시야에 들어오는 것이다. 이 점에서 타자는 몸이라고 말해도 과언이 아니다. 그러나 친근한 관계로 접어드는 순간 대상이었던 타자는 주체의 위치를 차지하게 된다. 즉 인격적인 관계가 시작되는 것이다. 인격적 관계에서 타자는 주체와 동등한 대화 상대가 된다. 지금까지 '그'로 보이던 제삼자가 자신을 '나'라고 칭하는 '너'가 되는 것이다. 내가 질문하면 그는 "나는 ~라고 생각한다"라고 말하면서 "그러면 너는?"하며 나의 의견을 물을 수 있다. 일방적이던 관계가 쌍방적인 관계로 바뀌어 있는 것이다. 엄밀한 의미에서 내가 모르는 타자만이 대상화된다. 내가 알지 못하는 여성이 나에게 성적으로 대상화된다.

　대상화와 주체화의 관계를 잘 보여주는 예의 하나로

유명한 영화 〈양들의 침묵〉(1991)의 한 장면을 들 수 있다. 무자비한 연쇄 살인범에게 딸을 납치당한 연방 상원의원은 TV를 통해서 그에게 자비를 호소한다. 그녀는 물론 딸을 살려달라고 눈물로 호소하고 애원한다. 그러면서 계속해서 딸의 이름 '캐서린'을 부르는 것을 잊지 않는다. 딸이 그냥 여자가 아니라 인격적 존재라는 점을 상기시키는 것이다. 대도시에서 복동이 엄마도 이름이 없는 익명적 존재, 수많은 여자의 한 명에 지나지 않는다. 그러나 마을에 돌아오면 실명적 존재가 된다. 여자가 아니라 복동이 엄마이며 누구누구의 친구이고 이웃이 되는 것이다. 자신을 '나'라고 말하는 인격적 존재가 되는 것이다.

여성 혐오와 분노, 그리고 남성의 피해의식

앞서 지적했지만 여성 혐오 논쟁은 군 가산점 제도가 폐지되면서 점화되었다. 군필자들이 공무원 시험에서 받았던 가산점에 대한 여성들의 반발로 여성 혐오 논쟁이 시작된 것이다. 처음에는 방어에 급급하던 남자들의 태도가 가산점 제도가 폐지된 이후에는 여성 전체에 대한 공격과 비난으로 향하게 되었다. 물론 이러한 배경에는, 그때까지 받았던 혜택을 더 이상 받지 못하게 된 남성들의 피해의식이 자리 잡고 있다.

군 가산점 제도는 국방의 의무를 마친 남자들에게 혜택을 줘야 한다는 인식에서 출발하였다. 군 복무를 마친 사람은 그렇지 않은 사람에 비해서 학업이나 취업에서 2~3년의 기간을 뒤처지게 된다. 그것을 보상해주기 위해서 국가는 군 복무를 마친 남자들에게 공무원 시험에서 2퍼센트의 가산점을 주기 시작하였다. 경쟁이 치열한 공무원 시험에서 2퍼센트의 가산점은 당락을 좌우할 정도의 커다란 효력을 가지고 있었다. 여자들은 물론이고 이러저러한 이유로 군대를 갈 수 없었던 남자들이나 군복무가 아예 면제된 장애인 남자들에게 불리한 제도였던 것이다. 이때 가산점 폐지에 앞장을 섰던 주된 세력은 이화여대 교수와 학생들이었다. 그 결과 1999년에 이 제도는 역사의 뒤안길로 사라졌다. 그냥 사라진 것이 아니라 격한 논쟁의 그림자를 남겼다. 이 제도의 혜택을 받았던 남자들과 그렇지 않은 여자들 사이에 적대 전선이 형성된 것이다.*

군 가산점 제도의 폐지가 왜 여성 혐오를 야기했던 것

---

*   그러나 여자들만이 군 가산점 제도에 대해서 비판적이었던 것은 아니었다. 장애인 남자를 비롯해서 적지 않은 남자들도 가산점 폐지 운동에 동참하였다. 엄밀하게 말해서 가산점에 대한 찬성과 반대의 두 진영이 남성과 여성으로, 즉 성별로만 분할되어 있었던 것은 아니었다. 이 점에서 남성과 여성으로 환원하는 것은 단순화다. 그럼에도 불구하고 이 글의 주제를 살리기 위해서 단순화의 논법을 택하였다.

일까? 앞서 루저 남자에 대해 던졌던 질문을 반복하기로 하자. 만일 남성들이 지배하는 가부장적 세상이었다면 그러한 여성 혐오의 논쟁이 점화될 수 있었을까? 우리는 과거에는 여성들에게 고등교육과 사회 진출의 기회가 주어지지 않았다는 사실을 잘 알고 있다. 다시 말해 남성들은 더 많은 파이를 차지하기 위해 여성들과 경쟁할 필요가 없었다.

그런데 현재는 어떠한가? 2015년의 국제학력평가시험PISA에서 우리나라의 여학생은 언어와 과학은 물론이고 수학에서도 남학생을 앞질렀다. 그리고 2015년을 기준으로, 1970년대 이후에 태어난 여학생의 4년제 대학 진학률이 남학생보다 4퍼센트 높았다. 그리고 2015년 기준 5급 공무원 공채 시험에서 여성 합격률은 48.2퍼센트에 이르렀다. 인구 성비까지 감안하면 대학 진학과 공채 시험에서 여성들이 남성들을 앞서고 있는 것이다.

이러한 현실에서 남성들은 과거에 자신이 누렸던 기득권을 여성들에게 빼앗기고 있다는 피해의식을 갖기 시작하였다. 가부장적이던 과거를 향수 어린 시선으로 바라보는 남자들도 생겨나게 되었다. 물론 아직도 남성들이 취업의 기회에서 여성들보다 유리하며 또 연봉에서도 여성들보다 훨씬 좋은 대접을 받고 있다. 국회의원이나 회사의 중역의 자리에 오른 여성들은 손에 꼽을 정도다. 사회는 아직도 남자들을 중심으로 돌아가고 있다. 여전히 성적으로 불평등한 사회다. 이러한 사실을 모르는 사람들은 아마도 없을 것이다. 그렇지만 그러한 앎을 실천하는 사람들은 지극히 드물다. 알고 있어도 모르는 듯이 행동하는 사람들이 대부분이다. 아무튼 많은 남자들은 자신이—아니 자신의 아버지들이—과거에 독점했던 기득권을 빼앗기고 있다는 심리적 박탈감에 젖어 있다. 다시 말해서 자신이 루저가 되고 있다는 고약한 자의식에서 벗어나지 못하고 있는 것이다.

"남자라고 다 남자냐 남자다워야 남자지"라는 말이 있다. '고개 숙인 남자'라는 표현이 유행했던 적도 있다. 남자가 남자다워야 한다면 고개를 숙인 남자는 이미 남자가 아니게 된다. 과거에 남자들은 부모로부터 독립해서 일가를 이루고 가족을 부양할 수 있는 경제적 능력으로 자신의 남성성을 증명하였다. 그렇게 자신을 증명하지 못하면 결혼할 엄두도 내지 못했다. 그뿐만이 아니다. 어른이 되어도 어른으로 대접받지 못하였다. 그렇다면 이와 같이 남성 우월적인 가부장제 사회에는 두 개의 성이 아니라 세 개의 성이 있었다고 해야 옳다. 맨 위에 남자다운 남자가 있다면 중간에는 여자, 그리고 맨 아래에는 무능한 남자들, 남자답지 못한 남자들이 있었다.

문제는, 여성의 사회 진출이 본격화되면서 제3의 성,

즉 남자답지 못한 남자들의 숫자가 급증하게 되었다는 사실이다. 이러한 현실에서 여성 혐오와 루저 문화라는 신조어가 생겨났다. 여성 혐오는 자기가 루저라는 남성의 상실감과 패배감, 자기 비하의 감정과 맞물려 있다.

여성 혐오의 대표적 표상인 김치녀를 살펴보자. 몰지각하고 개념 없는 여성을 풍자하는 단어인 김치녀는 "책임과 의무를 외면한 채 권리만 타령하는 여자, 지 불리할 때만 남녀평등 외치는 여자, 남자를 돈으로 보는 여자, 여자는 되고 남자는 안 되고 이런 이중 잣대 가지고 있는 여자"이다.* 왜 남자들이 이러한 여자들에게 불만을 갖는 것일까? 그러한 감정의 배경에는 우리는 어렵지 않게 여성에 대한 피해의식을 엿볼 수 있다. 여성이 유리한 세상에서 남성은 기껏해야 들러리 역할에 지나지 않는다는 것이다. 자신의 무력함에 대한 남자들의 자의식도 한몫 거들고 있다. 좋아하는 여자에게 하늘의 별도 따다 준다는 말이 있지만, 능력이 없는 남자에게 그런 요구는 터무니없는 억지가 된다. 남성에게 절대적으로 유리했던 이중 잣대도 이제는 옛말이 되어가고 있다. 과거에 남자는 바람을 피워도 무방했지만 여자는 불륜의 현장에서 붙잡히면 죽임을 당

* 김수아·김세은, 「'좋아요'가 만드는 '싫어요'의 세계: 페이스북
   '여성 혐오' 페이지 분석」, 《미디어, 젠더&문화》 제31권 제2호,
   한국여성커뮤니케이션학회, 2016.

에드바르 뭉크, '마돈나' 연작(1895~1902년경)

쾌락의 고통 때문인지 당신은 살짝 입술을 벌리고 시체처럼 미소 짓는다

베를린 예술가들의 아지트 '검은 돼지' 술집에서 뭉크와 그의 동지들에게
연모의 대상이었던 다그니 유을은 폴란드 출신 극작가 프시비셰프스키를
선택하였다. 다그니 유을을 모델로 하는 뭉크의 '마돈나' 연작에서 마돈나
곧 성모마리아는 전통적으로 굴복을 나타내는 포즈를 취하고 있는데, 뒤로
젖힌 팔이나 허리 아래 부분이 모호하게 표현되어 있어 몸의 섹슈얼리티가
부각된다. 동시에 그 얼굴은 메두사처럼 표현되어 있어서 죽음의 공포도
함께 선사한다. 이후 판화로 변주된 버전6에 그 주제의식이 더욱 선명히
드러나 있다.

하기도 했다. 그런데 김치녀에 대한 비판에서 우리는 그러한 이중 잣대가 이제는 여성에게 유리하게 적용되고 있다고 생각하는 남성들이 의외로 많다는 것을 읽을 수 있다.

가진 것이 없는 남자에게 김치녀의 행동은 잔인하게 느껴질 수 있다. 만약 페르시아의 왕자처럼 부유하다면 그녀가 원하는 것을 들어줄 수도 있겠지만 안타깝게도 자신에게는 그런 능력이 없다. 그렇게 무능한 자신에 대해서 자괴감이 들기도 하고, 무리한 요구를 하는 그녀에게 분노할 수도 있다. 이때 남자들은 여자들이 순종적이고 '더치페이' 한다는 일본의 '스시녀'라면 얼마나 좋을까 하는 헛된 희망을 품기도 할 것이다. 남자들이 여자를 싫어하고 미워하는 것이 아니다. 개념이 없다고 간주되는 특정한 '행동'들이 미울 따름이다. 여기에 남자들이 처한 딜레마가 있다. 그들은 다가서고 싶지만 여자들이 곁을 주지 않는다. 자격 미달이라는 것이다. 이때 여성 혐오는 이솝 우화 속 여우의 신 포도처럼 남성의 자기 합리화와 자기 방어의 기제다.

과연 남자들이 할 수 없는 것을 무리하게 요구하는 여자들이 얼마나 될까? 많지 않을 것이다. 그럼에도 여자는 다 김치녀라는 식으로 일반화하는 남자들이 많다. 특히 자신의 무력감을 절감하는 남자들은 그러한 일반화에 기대고 싶어 한다. 그녀가 너무하다고 생각하면 자신의 무력함을 의식하지 않아도 되기 때문이다. 경쟁에서 자기를 치고 올라가는 여성들을 김치녀라는 이름으로 비난할 수 있기 때문이다. 그런데 왜 남자들은 자기가 여자들보다 우월해야 한다고 생각하고 있는 것일까? 자신이 우월하지 못하면 상대 여성을 비난하는 것일까? 우리는 김치녀에 대한 비난에서 남성 우월주의적 유산을 읽을 수 있다. 그것은 남성성의 신화가 숨을 거두기 전에 몰아쉬는 마지막 거친 숨이 아닐까.

여성 혐오와 여성 비하

앞서 간단히 언급하였지만 여성 혐오라는 개념에 대해서 다시 생각해보기로 하자. 우리와 다른 문화와 역사를 가진 미소지니를 우리말로 옮기기는 결코 쉬운 일이 아니다. 미소지니와 일대일로 대응하는 우리말은 없다. 무엇보다도 미소지니라는 용어 자체의 성격에서 비롯한다. 그것은 분명하게 정의될 수 있는 개념이 아니다. 추상적인 개념이 아니라 애매모호한 문화에 가깝다. 넓게 말하면 미소지니는 가부장주의적 역사와 문화가 만들어낸 관행, 언어, 생각, 태도, 감정 등을 총칭한다. 남자의 관점에서 '여자는 이렇고 저래야 된다'라는 생각이나 기대도 미소지니에 속한다. 그러한 기대와 어긋나는 여성은 즉각적인 비난의 대상이 되기 때문이다. 이 점에서 남자의 정의가 미소지니스트misogynist라고 말해도 과언이 아니다. 자신이 여자가 아니라는 사실을 통해서, 자신의 여성성을 거부함으로써 남자는 남성적이 될 수 있기 때문이다. 남자라는 개념도 가부장적 역사와 문화와 떼어놓고 생각할 수 없는 것이다. 달리 말해 남자와 미소지니는 공모 관계에 있다.

그러나 나는 남자 자체가 미소지니스트라는 식의 정의는 바람직하지 않다고 생각한다. 그러한 정의는 남자는 남자다라는 동어반복의 또 다른 어법에 지나지 않는다. 그러나 동어반복보다 더 큰 문제는 불필요한 적대감을 조장한다는 사실에 있다. 세상이 여성을 혐오하는 남자들의 집단과 혐오를 당하는 여성들의 집단으로 이분화되는 것이다. 전자가 가해자 집단이라면 후자는 피해자 집단이 된다. 여기에 덧붙여 또 하나의 심각한 문제는 미소지니스트가 성적 경제sexual economy에 따르지 않는다는 점에 있다. 여성의 적은 여성이라는 말도 있다. 이 명제의 진위 여부를 떠나서, 미소지니스트인 여성들이 적지 않다는 방증이다. 《그건 혐오예요》에서 홍재희는 이렇게 말했다. "여성 혐오는 남성들한테만 있는 게 아녜요. 여성 스스로 여성을 혐오하기도 해요. 여성 내부에서도 성의 이분법에 들어맞지 않는 여성을 배제하고 단죄하고 배척하는 경향이 있어요."

이러한 이유로 미소지니를 분명하게 정의하려고 하면 할수록 더욱 자기모순에 당면하게 된다. 여성 혐오, 여성 비하, 여성에 대한 편견, 여성 증오 등 우리말로 옮긴다고 해서 형편이 나아지지는 않는다. 페미니스트들이 즐겨 드는 한 예가 있다. 자신이 여성 혐오자가 아니라는 사실을 증명하기 위해서 "내가 여자를 얼마나 좋아하는데요"라고 항변하는 남자도 전형적인 여성 혐오자라는 것이다. 이때 남자들이 항변하는 주된 원인은 여성 혐오라는 어휘의 엄청난 강도와 밀도에 있다. 혐오라면 미워해도 보통 미워하는 것이 아니다. 꽁꽁 뭉쳐지고 굳어서 돌처럼 단단해진 감정―자신에게 이런 감정이 있다고 생각하는 사람은 없을 것이다. 이렇게 항변하는 남자에게 여성주의자들이 전형적으로 내놓는 답이 있다. '여성 혐오'에서의 혐오는 통상적인 의미의 혐오가 아니라는 것이다. 여자를 좋아하는 감정도 여자를 성적으로 대상화하는 것이기 때문에 여성 혐오에 해당한다는 것이다. 아무튼 여성 혐오는 혐오의 감정으로 설명되지 않는 전문용어라는 것을 납득시키기에 바쁘다.

우리말에 미소지니를 의미하는 여성 혐오라는 개념이 일찍이 있었다면, 그리고 그것이 광의의 의미로 이해되었다면, 여성 혐오라는 용어에 반대할 필요가 없을 것이다. 사정이 그렇지 않기 때문에 나는 이 용어의 사용에 대해 부정적이다. 특히 우리말 어휘들 가운데 가장 강도가 높은 '혐오'가 선택되었다는 사실이 못마땅하다. 여성 혐오라는 말은 지극히 자극적이며 선동적인 언어, 이전에 없었던 적대감도 생기게 하는 언어다. 듣기만 해도 마음에 불을 지르는, 불길처럼 전파력이 빠른 말이다. 그래서 혹자는 여성 혐오가 엔터테인먼트 산업에 충실히 녹아들었다고 진단하기도 한다.* 달리 말해 여성 혐오라는 용어는 한편으로 미소지니의 역어이기도 하지만 다른 한편으로는 페미니즘적 선전포고의 의도를 가지고 있다. 그러한 정치적 효과를 염두에 두고서 선택된 말이다. 만약에 여성 혐오로 규정되지 않았더라면 강남역 살해 사건이 이처럼 거대한 여성운동으로 비화될 수 있었을까? 여성 혐오가 일상어의 하나로 자리를 자리를 잡을 수 있었을까? 없었을 것이다. 이 점에서 '강남역 살해 사건=여성 혐오'라는 정의는 탁월한 정치적 효과를 발휘하였다. 대한민국에서 여성으로 산다는 것의 불편함과 고통을 느꼈던 여성들의 모든 경험이 하나로 수렴될 수 있는 구심점이 되었던 것이다.

나는 선전포고로서 탁월한 역량을 발휘하였던 여성 혐오는, 바로 그러한 이유로 인해서 다른 용어로 대체되어

---

* 아이즈 편집부, 《2016 여성 혐오 엔터테인먼트》, 아이즈북스, 2016.

야 한다고 생각한다. 미소지니의 역어로서 여성 혐오는 한 극단을 2016년에 유감없이 보여주었다. 그런데 앞으로도 우리가 계속 그 극단의 지점을 고수해야 하는 것일까? 격앙된 투쟁의 어조로 전투 대형을 유지해야 하는 것일까? 나는 그렇지 않다고 생각한다. 남녀 사이에 핏발이 선 적대가 아니라 동맹과 타협의 제스처가 필요하지 않을까? 여성 혐오는 그 역사적 소임을 다하고 이제 무대 밖으로 나가야 하지 않을까? 그러면서 후임으로 보다 감정이 절제된 여성 비하를 제시해야 하지 않을까?

여성 혐오라는 용어가 선동적인 구호에 가깝다면 여성 비하라는 용어는 태도의 전환을 요구하는 윤리적 성격이 강하다. 인간이 가진 다양한 감정 가운데 혐오감만큼 거두기 어려운 감정이 없다. 혐오했던 대상이 착각이며 환상이고 오류였다는 사실을 아무리 설명하더라도 혐오감이 사라지지 않는다. 이성적으로 납득하더라도 혐오의 감정은 고스란히 남아 있다. '나는 알고 있어. 그럼에도 혐오감을 어쩔 수 없어!' 혐오감은 지극히 보수적이며 심미적인 감정인 것이다. 반면에 비하는 대상에 대한 즉각적이고 심미적인 반응이 아니라 관찰과 도덕적 판단의 결과다. 판단하지 않으면 비하의 감정도 생기지 않는다. 때문에 지금까지 이러저러한 이유로 비하했던 사람의 진면목이 그렇지 않다는 사실을 발견하게 되면 이전의 비하했던 감정과 태도도 사라지게 된다. 그리고 자신이 오해했다는 생각에 후회하기도 있다. 심지어 존경심이 생길 수도 있다. 천재와 바보는 종이 한 장 차이라는 말도 있지 않은가. 소크라테스만큼 그러한 반전을 잘 보여주는 인물을 찾기도 어려울 것이다. 당시 미남으로 소문이 자자했던 알키비아데스는 처음에는 그의 못생기고 허름한 외모를 보고서 무시했었다. 그렇지만 그의 지혜로운 말에 귀를 기울이는 순간에 자신도 모르게 존경하는 마음에 경외감을 품게 되었다.

그렇다면 이 지점에서 우리는 다음과 같이 물어야 한다. 이른바 여성 혐오자로 불리는 남자들의 여성에 대한 감정이 직관적이고 심미적인 것일까? 아니면 도덕적인 것일까? 일례로 '된장녀'라는 말이 심미적 반응일까? 아니면 반감이나 도덕적 판단일까? 물론 나는 도덕적 판단의 결과라고 생각한다. 여성 혐오자들이 여성을 무조건적으로 싫어하는 것이 아니다. 이러저러해야 한다는 자신의 희망과 기대와 일치하지 않는 여성을 '된장녀'나 '김치녀'로 폄하하는 것이다. 소크라테스를 생각해보자. 그가 살았던 당시의 아테네는 여성에 대한 편견과 비하가 극심한 사회였다. 아리스토텔레스는 여자를 심지어 불완전한 남자라고 불렀다.

그러나 소크라테스는 그러한 남성 우월주의적 편견에 휘둘리는 인물이 아니었다. 그는 디오티마라는 여성을 만나서 그녀의 지혜에 감탄하고, 그녀로부터 사랑의 본질에 대한 귀중한 가르침을 얻었다. 만약 다른 사람이었다면 여자가 감히 주제넘게 남자를 가르치려 한다면서 역정을 냈을 수도 있었다. 이와 같이 여성의 공간은 가정에 한정된다는 관념에서 벗어나지 못한 사람의 눈에는 지혜로운 여자도 밉상으로 보인다. 자기보다 똑똑한 여자를 싫어하는 것이다. 이러한 남자들이 여성에 대해 가지고 있는 감정은 혐오감이 아니다. 반감이나 비하라고 해야 옳다. 여성 혐오가 아니라 여성 비하다. 그리고 그것은 혐오와 달리 여성의 실상을 알게 되면 교정되고 사라질 수 있는 감정으로서 비하다.

나가며 혐오의 구조를 전복해야 한다

혐오는 몸의 생리적 반응과 직결된 감정이다. 몸은 생명의 유지에 해나 독이 되는 것들에 몸서리를 치면서 밖으로 밀어낸다. 생명의 유지에 도움이 되는 것이 영양분이라면 그렇지 않은 것은 혐오의 대상이다. 몸은 외부의 타자를 자기에게 흡수하기도 하고, 내부로 들어온 타자를 뱉어내기도 한다. 전자가 좋고 아름다우며 선한 것이라면 후자는 싫고 추하며 악한 것이다.

동물과 달리 인간은 단순한 생존으로 만족하지 못한다. 그냥 삶being이 아니라 좋은 삶well-being, 그냥 주어진 삶이 아니라 '내'가 원하는 좋은 삶, '나다운 삶'을 살아야 한다. 자기정체성의 유지와 향상이 관건인 것이다. 그래서 그러한 정체성을 위협하는 타자를 부정하고 밀어내며 제거하려는 정서적 기제로서 혐오감이 작동하기 시작한다. 나와 다르거나 나에 대항하는 타자에 대한 혐오감이 자기정체성의 보루로 자리를 잡게 되는 것이다.

독에 오염되듯이 삶이 절망과 가난, 고통, 추함으로 일그러지면 우리는 분노와 좌절에 휩싸인다. 그러나 그 상태로 손 놓고 가만히 있지는 않는다. 몸은 상한 음식을 잘 못 먹어서 탈이 날 것 같으면 구토중추를 통해 그것을 토해 내도록 위로 밀어올리지 않는가. '웰빙'으로 복원하려는 주체의 운동이 시작되는 것이다. 도마뱀이라면 망가진 꼬리를 자르고 낙타라면 자신을 짓누르는 무거운 짐을 등에서 떨궈내야 한다. 전자가 자기혐오라면 후자는 타자 혐오다.

같은 편이라 생각하는 자에 대해 갖는 감정이 연민과 동정심이라면, 적이라 간주되는 자들은 증오와 혐오의 대상이 된다. 이러한 친구와 적의 구분이 감정의 차이를 완전하게 설명해주지 않음은 물론이다. 친구라고 하더라도 권력이 나보다 강한 사람이 있는가 하면 동등한 사람도 있고 약한 사람도 있다. 나와 비슷한 처지에 있는 친구의 불행에는 연민이, 나보다 못한 처지의 친구에게는 동정심이 생긴다. 반면에 힘이 나와 동등하거나 강한 적에 대해서는 이빨을 갈며 증오한다. 그러나 얕잡아 볼 수 없는 상대이기 때문에 경멸하거나 혐오하지는 않는다. 무시해도 좋은 상대만이 경멸이나 혐오의 대상이 된다.

적과 친구의 구별은 한편으로 사회적이고 정치적이지만 다른 한편으로 지극히 개인적이고 주관적이다. 게슈타포가 시퍼렇게 눈에 불을 켜고 유태인을 색출하던 당시에도 유태인을 친구로 생각하며 보호하고 숨겨준 독일인들도 적지 않았다. 정부의 적이 곧 나의 적을 의미하지는 않는다. 유태인이 아니라 게슈타포를 오히려 적으로 간주하던 독일인도 있지 않았던가. 반면에 적이 자기보다 강한 권력을 가지고 있다고 해서 반드시 증오의 감정을 품는 것은 아니다. 자신이 적보다 도덕적으로 우위에 있다고 생각하면 그의 부도덕함을 혐오할 수 있다. 평범한 시민들도 정치와 권력자를 혐오하지 않는가.

불행하지 않으면 혐오나 증오, 경멸의 감정도 없다. 배고픈 승냥이가 먹잇감을 찾아 헤매듯이 불행한 사람도 자신의 고통을 전가할 타자를 주위에서 찾아 나선다. 개 눈에는 똥만 보인다는 속담도 있지 않는가. 아프다면 하다 못해 욕이라도 내뱉으면 그나마 위안이 되기 때문이다. 찢어지게 가난하고 비참하면 가만히 앉아 있는 것보다는 모두 저놈 탓이라며 분풀이를 하는 게 그나마 가난의 굴욕을 덜어주는 듯이 느껴진다.

혐오가 정치적인 이유는, 자기보다 약하고 만만한 상대를 타겟으로 고르기 때문이다. 타자의 몫을 가로채는 전형적인 희생양 만들기와 단물 빨아먹기the lion's share의 메커니즘이 작용하는 것이다. 케이크 자르기cake cutting라는 게임이론이 있다. 욕심 많은 사람은 자신에게 유리하게 케이크를 자르고 큰 조각을 취한다. 이때 케이크가 생명이며 행복이고 부, 건강, 아름다움이라고, 반면 그 가장자리가 죽음과 불행, 가난, 질병으로 오염되어 있다고 생각해보라. 혐오의 기원은 생리적인 기능에 있다. 단 것은 삼키고 쓴 것은 내뱉고, 단물을 빨아먹고 찌꺼기를 내뱉는 동물적 본능이 그것이다. 소수 약자에 대한 혐오는 그러한 생리적 기제가 정치화된 결과다. 강자는 삶에서 행복을 취하고, 약자에게는 불행의 찌꺼기만을 남겨둔다. 아니면 드라큘라처럼 그렇지 않아도 불행한 약자의 몸에서 단물을 빨아 먹는다. 그러면서 약자는 더욱 혐오스런 모습으로 변하게 된다.

극히 최근까지 지배적이었던 남성 우월주의와 여성 혐오도 남성성과 여성성의 불공정한 분배의 산물이었다. 존 롤스의 '원초적 상황'이라는 가정법을 빌면 최초에는 남자와 여자가 있었다. 그들에게도 개별적이며 상대적인 차이가 있었다. 보다 우월한 자도 있고 보다 열등한 사도 있었으며, 보다 강한 자가 있는가 하면 보다 약한 자도 있었다. 보다 적극적이고 능동적이거나 보다 소극적이고 수동적인 자도 있었다. 정확하게 말하자면 모든 개인은 이러한 양면성을 가지고 있었다. 인간은 단일체가 아니라 복합체였다. 이와 같은 개별적 차이가 성적 차이에 의해서 대체된 것이 가부장제다. 가부장제란 무엇인가? 남자들이 능동과 수동, 이성과 감성, 공격과 방어 등 다양한 재료로 구성된 인간이라는 이름의 케이크에서 자기의 입맛에 맞는 것을 선점하고 나머지를 여성의 몫으로 남겨둔 제도적

장치에 다름 아니다.

그와 같이 불공정한 분배의 논리가 없었더라면 혐오 식품도 생겨나지 않았을 것이다. 육개장과 개장국의 예를 보라. 부유한 계층은 값비싼 소고기로 육개장을 요리해 먹을 수 있었다. 보기 좋은 것이 먹기에도 좋다는 속담은 그러한 부유층을 위한 것이다. 훌륭한 식탁에 앉아서 좋은 그릇에 담긴 음식을 여유롭게 음미하며 먹을 수 있었다. 그러나 가난한 서민은 그러한 시간적·경제적 여유도 없었다. 냄새 나지 않고 신선한 고기를 구하기도 어려웠다. 당연히 마늘과 고춧가루, 소금과 같이 자극이 강한 양념을 많이 사용할 수밖에 없었으며, 서민들은 땀 냄새 절은 허름한 옷을 입고 값싼 뚝배기에 담긴 개장국을 뚝딱 먹어치우고 일하러 나가야 했다. 그것이 혐오스럽게 보였다면 부유한 계층, 특히 유럽인 타자의 눈에만 그러하였을 것이다. 자신이 문명과 문화의 척도라는 유럽인의 유럽 중심주의적 시각이 없었더라면 개장국에는 결코 혐오 식품의 낙인이 찍히지 않았을 것이다.

혐오는 정치적으로 올바르지 않다. 강자와 다수의 특권적인 감정이기 때문이다. 혹은 스스로도 약자이면서 강자와 심리적으로 동일시하는 사람들의 지극히 배타적 감정이기 때문이다. 정승집 개도 정승 노릇 한다는 속담이 있다. 정승이 돈 없고 힘없는 서민을 무시하면 하인도 그와 같이 방자한 태도로 거들먹거리는 것이다. 그렇게 함으로써 은밀한 자기만족감도 챙긴다. 가난한 서민을 경멸하면 잠시나마 자기도 정승이 된 듯한 느낌을 맛볼 수 있기 때문이다.

혐오는 비민주적이다. 강자의 약자에 대한 무시, 다수의 소수에 대한 무시, 즉 이러한 권력의 위계가 없으면 혐오가 발생하지 않기 때문이다. 더구나 그러한 불평등을 영속화하는 경향을 가진다. 소수의 타자를 혐오함으로써 달콤한 쾌락을 향유하게 되지 않는가. 이 점에서 혐오는 분노의 감정과 다르다. 분노는 불의에 대한 자의식에 머물 뿐만 아니라 그것을 바로잡으려는 강력한 의지까지 동반한다. 행동으로도 점화될 수 있다. 그렇지만 혐오감은 행동의 가능성을 극히 주관적인 쾌락으로 바꿔버린다.

이 글을 서두에서 내가 이미 했던 말을 재인용하는 것으로 끝마치겠다.

혐오가 가진 최대의 위험은 말을 무의미하게 만드는 혐오의 생리에 있다. 우리는 혐오를 자극하는 대상에 대해서 생각도 하기 싫어한다. 생각의 부재는 언어의 부재가 아닌가. 언어가 끝나는 막다른 골목에서 혐오가 시작되는 것이다. 이 점에서 혐오의 말은 언어가 아니라 반사적으로 나오는 '악'이나 '윽' 하는 본능의 비명에 가깝다. 그것은 가래침을 뱉는 소리다. 개똥은 무서워서 피하는 것이 아니라 더러워서 피한다는 속담이 있지만 우리는 혐오스러운 사람을 자기와 같은 사람으로 취급하지 않는다. 개와 더불어서 이치를 따지는 사람이 어디에 있는가! 혐오스런 사람과는 말도 섞지 않으려고 한다.

이 점에서 혐오는 상대방을 동물화動物化하는 감정이다. 상대를 나와 질적으로 다른 타자, 열등한 타자, 동물적 타자로 만드는 것이다. 반면에 동정과 연민, 사랑의 시선은 그와 같이 동물화되었던 타자를 재인간화하는 시선이다. 우리는 개장국이 어떻게 해서 혐오 식품이 되었다가 다시 전통 음식으로 복귀하게 되었는지 그 과정을 살펴보았다. 혐오의 낙인이 찍힌 보신탕에 국민적 저항과 분노가 있었던 것이다. 우리는 혐오를 혐오로 맞받아칠 것이 아니라 분노로 혐오의 구조에 저항하며 그것을 전복해야 한다. 혐오가 그 정치적 기원이 망각되고 심미화된 감정, 그래서 지독하게 보수적인 감정이라면, 분노는 그러한 기원의 폭력에 저항하는 정치적 감정이다. 서두에서 "사람 셋이면 멀쩡한 사람 바보 만들기는 누워서 떡 먹기"라는 속담을 소개했다. 다수의 폭력이 소수를 혐오의 대상으로 만드는 것이다. 그것으로 모자라서 다수는 기회만 생기면 혐오를 표출함으로써 자기의 특권과 권력을 과시하고 확인하며 또 재확인하려는 반복 충동을 지닌다. 이러한 반복의 악순환에 온몸으로 저항하지 않으면 안 될 것이다.

인명 설명

찰스 다윈Charles Darwin (1809~1882)

진화론을 주장한 영국의 생물학자. 영국의 유명한 의사
집안에서 출생했다. 어린 시절부터 식물학과 생물학, 곤충학에
관심이 많았던 그는 에딘버러 대학 의대에 입학했는데,
그곳에서 자퇴하고 신학을 공부하기 위해 케임브리지 대학에
진학했지만 지질학과 생물학에 빠져들었다. 그러다가 1831년
영국 해군의 측량선인 비글호에 승선할 기회를 잡은 그는
5년 동안 세계 각지를 탐사하였다. 특히 갈라파고스 군도에서
진화론의 착상을 얻었던 그는 1859년에 《자연선택에 의한 종의
기원에 관하여》를 출판하였다. 다윈이 주창한 진화론은 인간을
만물의 영장의 지위에서 끌어내림으로써 인간의 자존심에
막대한 상처를 입힌 지적 혁명의 하나로 평가받는다.

장 폴 사르트르Jean Paul Sartre (1905~1980)

프랑스의 대표적인 실존주의 철학자이자 작가. 파리
고등사범학교를 졸업하고 철학 교수 자격 시험에 수석으로
합격하였는데, 이때 차석으로 함께 합격한 시몬 드 보부아르와
결혼의 형식에 구애받지 않는 계약 결혼을 한 것이 유명하다.
철학서 《존재와 무》,《실존주의는 휴머니즘이다》를 위시해서
《구토》와 같은 문학작품이 널리 읽혔다. 1964년에 노벨상
수상이 결정이 되었지만 일체의 권위를 부정하는 차원에서
수상을 거부함으로써 다시 한 번 유명세를 탔다.

에밀 뒤르켐Emile Durkheim (1858~1917)

사회학을 엄밀한 과학적 학문으로 정립한 프랑스의
사회학자.《분업론》,《사회학적 방법의 제규칙》《자살론》등을
저술하였으며, 1887년에 보르도 대학에서 강의하기 시작하여
1895년에 정교수가 되었고, 1902년에 소르본 대학으로
이직하여 1913년 프랑스 역사상 최초로 개설된 사회학과의
정교수가 되었다. 그는 《자살론》에서 당시의 개인주의적
사상에 반발하여 사회가 개인에게 가하는 집단적 압력을
강조하였다. 특히 아노미적 자살이라는 개념은 현대 사회의
병폐를 분석하는 데 널리 활용되고 있다.

찰스 디킨스Charles Dickens (1812~1870)

19세기 중반에 영국을 대표했던 작가. 가난한 집안에서
태어난 그는 학교를 다닐 여유도 없어서 12살부터 공장에서
일하게 되었지만, 공 법원의 속기사, 신문사의 통신원 등으로
전직하면서 소설을 집필하기 시작, 1838년에 발표한 《올리버
트위스트》로 일약 인기 작가로 부상하였다. 《크리스마스
캐럴》과 《어려운 시절》 등의 소설이 있으며, 자신의 어린
시절부터 소설가가 되기까지의 과정을 기록한 자전적 소설
《데이비드 코퍼필드》가 있다.

버지니아 울프Virginia Woolf (1882~1941)

철학자이자 《영국 인명사전》의 편집자인 L. 스티븐의 딸로,
빅토리아 시대 최고의 지성들과 교류하던 환경에서 아버지의
교육을 받으며 성장했다. 1895년 어머니의 사망 후 생겨난
정신질환 증세는 1904년 아버지 사망 후 더욱 악화되어
후일 우즈강에 투신할 때까지 평생을 괴롭힌 질병이었다.
부모의 사후 런던으로 이주하여 남동생 에이드리언 스티븐을
중심으로 한 '블룸즈버리그룹'이라고 하는 엘리트 집단의
일원으로 활동하며 문예비평을 썼으며, 1912년 정치 평론가인
L. S. 울프와 결혼했다. 당시 페미니스트로 활동했던 그녀는
《자기만의 방》에서 여성이 지적인 작업을 하기 위해 가장
필요한 것은 자기만의 공간과 경제적 조건이라고 주장했다.
기타 대표적 작품으로 《댈러웨이 부인》과 《등대로》 등이 있다.

아르투어 쇼펜하우어Arthur Schopenhauer (1788~1860)

염세주의를 주장한 독일의 철학자. 부유한 사업가 아버지와
문필가인 어머니 사이에서 태어난 그는 자신을 사업가로
만들려는 부친의 뜻에 반해서 인문계 고등학교에 진학하고,
곧 의대에 입학하였지만 철학으로 방향을 전환하였다. 그가
1818년에 출간한 《의지와 표상으로서의 세계》에서 그는
현상의 배후에 이데아와 같은 실체가 있다는 관념이나 사후의
세계가 있다는 기독교적 관점을 거부하고 현상을 삶에
대한 맹목적인 의지로 파악하는 지극히 염세주의적 철학을
전개하였다.

오토 바이닝거Otto Weininger (1880~1903)

빈에서 출생한 오스트리아의 사상가로 대학을 졸업한 직후인
1903년에 졸업논문을 발전시킨 《성과 성격》을 발표하고 곧
자살하였다. 여성을 혐오했던 그는 여성성을 동물적 본능의
덩어리로 정의하였으며, 이러한 동물적을 극복하고 초월하는
의지로서 남성성을 찬양하였다.

우에노 치즈코上野千鶴子 (1948~)

일본의 대표적인 페미니스트 사회학자로 교토 대학교에서
사회학 박사 학위를 이수한 후에 모교의 교수가 되었다.
《90년대의 아담과 이브》,《가부장제와 자본주의》,
《내셔널리즘과 젠더》 등 다양한 페미니즘 저서가 있으며,
《여성 혐오를 혐오한다》에서 남성들의 뿌리 깊은 여성
혐오를 비판하였다.

참고문헌

강준만, 《한국 근대사 산책 3: 아관파천에서 하와이 이민까지》, 인물과사상사, 2007.

김소진, 〈처용단장〉, 《열린 사회와 그 적들》, 문학동네, 1995.

김수아·김세은, 「'좋아요'가 만드는 '싫어요'의 세계: 페이스북 '여성 혐오' 페이지 분석」, 〈미디어, 젠더&문화〉 제31권 제2호, 한국여성커뮤니케이션학회, 2016.

김수영, '구름의 파수병', 《거대한 뿌리》, 1974.

────, '어느 날 고궁을 나오면서', 《거대한 뿌리》, 1974.

김수원, 「사회적 차별, 혐오 범죄 그리고 인권」, 〈圓光法學〉 제25권 제3호, 원광대학교 법학연구소, 2009.

너새니얼 호손, 《주홍 글씨》, 조승국 옮김, 문예출판사, 2004.

다니엘 아라스 외, 《몸의 역사 1: 르네상스부터 계몽주의 시대까지》, 주명철 옮김, 길, 2014.

단테 알리기에리, 《신곡》, 김운찬 옮김, 열린책들, 2009.

마빈 해리스, 《음식 문화의 수수께끼》, 서진영 옮김, 한길사, 2012.

마사 너스바움, 《혐오와 수치심》, 조계원 옮김, 민음사, 2015.

메리 더글라스, 《순수와 위험》, 유제분 옮김, 현대미학사, 1997.

민사군정감실계엄사편찬위원회 편저, 《계엄사》,
육군본부, 1976.

박완서, 《미망》, 세계사, 2012.

____, 《한 말씀만 하소서》, 세계사, 2004.

버지니아 울프, 《자기만의 방》, 이미애 옮김, 민음사, 2008.

셔윈 널랜드, 《몸의 지혜》, 김학현 옮김, 사이언스북스, 2002.

송기원, 〈아름다운 얼굴〉, 《아름다운 얼굴》, 문이당, 2006.

아르투어 쇼펜하우어, 《쇼펜하우어 인생론》, 최민홍 옮김,
집문당, 1990.

아우구스티누스, 《고백록》, 박문재 옮김,
크리스천다이제스트, 2003.

아이즈 편집부, 《2016 여성 혐오 엔터테인먼트》,
아이즈북스, 2016.

에밀 뒤르켐, 《에밀 뒤르켐의 자살론》, 황보종우 옮김,
청아출판사, 2008.

오토 바이닝거, 《성과 성격》, 임우영 옮김,
지식을 만드는 지식, 2012.

우에노 치즈코, 《여성 혐오를 혐오한다》, 나일등 옮김,
은행나무, 2012.

윤보라, 「일베와 여성 혐오: "일베는 어디에나 있고 어디에도
없다"」, 〈진보평론〉 제57호, 진보평론, 2013.

이민진, 《백만장자를 위한 공짜 음식》, 이옥용 옮김,
이미지박스, 2008.

이정념, 「혐오 범죄의 개념과 그 속성, 입법적 고려사항-독일의
최근 입법논의를 중심으로」, 〈경찰법연구〉 제13권 제1호,
한국경찰법학회, 2015.

자크 르 고프 · 니콜라스 트뤼옹, 《중세 몸의 역사》,
채계병 옮김, 이카루스미디어, 2009.

장 폴 사르트르, 《구토》, 김미선 옮김, 청목사, 2003.

쥘 르나르, 《홍당무》, 심지원 옮김, 비룡소, 2003.

찰스 다윈, 《인간과 동물의 감정 표현』, 김홍표,
지식을만드는지식, 2014

찰스 디킨스, 《어려운 시절》, 장남수 옮김, 창비, 2009.

＿＿, 《오래된 골동품 상점》, 김미란 옮김, B612북스, 2015.

＿＿, 《황폐한 집》, 정태룡 옮김, 동서문화사, 2014.

토니 모리슨, 《가장 푸른 눈》, 신진범 옮김, 들녘, 2003.

토머스 에드워드 로렌스, 《지혜의 일곱 기둥》, 최인자 옮김, 뿔, 2006.

플라톤, 《향연》, 강철웅 옮김, 이제이북스, 2014.

하퍼 리, 《앵무새 죽이기》, 김욱동 옮김, 열린책들, 2015.

호메로스, 《일리아스》, 천병희 옮김, 숲, 2015.

홍성원, 《남과 북》, 문학과지성사, 2000.

홍재희, 《그건 혐오예요》, 행성B, 2017.

Klaus Theweleit, Männerphantasien, Basel/Frankfurt am main: Verlag Roter Stern, 1977.

William Butler Yeats, "Sailing to Byzantium", The Tower, London: Macmillan, 1928.

배반인문학

혐 오

1판 1쇄 발행 2017년 8월 16일
1판 2쇄 발행 2020년 9월 7일
개정판 1쇄 발행 2021년 7월 12일

지은이 · 김종갑
펴낸이 · 주연선

총괄이사 · 이진희
책임편집 · 유화경
저작권 · 이혜명
표지 및 본문 디자인 · 박민수
마케팅 · 장병수 김진겸 강원모 정혜윤
관리 · 김두만 유효정 박초희

(주)은행나무
04035 서울특별시 마포구 양화로11길 54
전화 · 02)3143-0651~3 | 팩스 · 02)3143-0654
신고번호 · 제 1997―000168호(1997. 12. 12)
www.ehbook.co.kr
ehbook@ehbook.co.kr

잘못된 책은 바꿔드립니다.

ISBN 979-11-6737-036-5 (04100)
ISBN 979-11-6737-005-1 (세트)